Tabla de Contenidos

Agradecimiento y Reconocimiento

En primer lugar quiero expresar mi agradecimiento y reconocimiento a Dios nuestro Señor por guiarme en la realización de éste manual con diversas lecciones sobre Evangelismo.

Asimismo, quiero mostrar mi gratitud a todos los que han hecho posible este Manual de Evangelismo; quienes me ayudaron en la realización del manual mediante sus oraciones, consejos, apoyo, ayuda y tiempo. Aprecio la ayuda de evangelistas, pastores, maestros, familiares, amigos, transcriptores, traductores, y simplemente a todos los que han invertido en mi vida y mi ministerio.

Mucho de éste material para realizar este proyecto fue recibido a través de sermones, ilustraciones, historias, pensamientos e ideas de diferentes personas, a través de los años. Agradezco profundamente su amor y por invertir en mi vida y en las vidas de otros.

Es mi oración y deseo que éste Manual de Evangelismo sea de ayuda a los seguidores de Cristo para amar más al Señor, vivir para Jesús, y alcanzar más almas preciosas para el Señor Jesucristo.

Acerca del Autor

El Evangelista Darrell Ratcliff ha servido como misionero al país de México. También ha predicado llevando el Evangelio en diversos países del mundo. Dios le ha usado para alcanzar a multitudes de personas con el Evangelio; ha realizado campañas de avivamiento con la finalidad de que más personas conozcan de la salvación en Cristo, ayudando a establecer iglesias en el campo misionero. Además ha entrenado a más obreros, enseñando en las iglesias en cómo ser más efectivos en evangelismo.

Dios ha usado al Evangelista Darrell Ratcliff en diversas iglesias, conferencias, colegios cristianos e Institutos Bíblicos para enseñar, motivar y desafiar al pueblo de Dios a hacer más para la causa de Cristo, mostrando la importancia de alcanzar a otros para Cristo.

La oración y deseo del Evangelista Darrell Ratcliff para usted es que Dios le bendiga grandemente y que le use de una manera especial para cumplir con el mandato de nuestro Dios, alcanzando a más personas para el Señor Jesucristo.

Términos y Condiciones de Uso

Los términos y condiciones sobre el uso y distribución del presente manual, le permite a usted la libertad de copiar, distribuir, y usar cualquier parte de este manual mediante la dirección de nuestro Dios. Solamente por favor no cambie, ni edite, ni venda éste manual, con fines lucrativos.

Tenga en cuenta que éste manual ha sido creado y diseñado para la gloria del Señor y para el avance y distribución del Evangelio.

Capítulo 1

Cada Día, Predique a Cristo

La Biblia dice en Hechos 5:42: "Y todos los días, en el templo y por las casas, no cesaban de enseñar y predicar a Jesucristo".

Debemos predicar a Cristo cada día, en cada lugar, a toda criatura. Tenemos que alcanzar a otras personas para Cristo.

Si estudiamos el libro de Hechos en la Palabra de Dios, vamos a descubrir que el Señor añadió a la iglesia más personas cada día; éste hecho nos habla de que los cristianos de ésa iglesia estaban ganando almas cada día. Ellos hacían algo cada día para dar el Evangelio.

Si nuestro deseo es hacer lo correcto así como la iglesia primitiva lo hacía, necesitamos ir y alcanzar a alguien cada día para Cristo. La Biblia dice: "Y todos los días, en el templo y por las casas, no cesaban de enseñar y predicar a Jesucristo". (Hechos 5:42) Todos los días ellos hablaban sobre Jesús. Pablo predicaba sobre Jesucristo todo el tiempo. Si usted, si la iglesia y yo queremos el poder de Dios, entonces todos los días tenemos que hacer algo para dar el Evangelio. Todos podemos compartir el Evangelio cada día, por lo menos todos podemos repartir un folleto cada día. Por lo tanto, cada uno de nosotros puede dar el Evangelio cada día.

Creo que una iglesia verdadera necesita hacer algo, para cada día alcanzar a otros para Cristo. Cada iglesia necesita organizarse y planear en base a la pregunta: ¿Qué puede hacer para cada día dar el Evangelio? Si queremos ser cristianos bíblicos y una iglesia bíblica, entonces tenemos que alcanzar a las personas cada día para Cristo.

Recuerde que Jesús dijo: "Si alguno quiere venir en pos de mí, niéguese a sí mismo, tome su cruz <u>cada día</u>, y sígame". (Lucas 9:23)

La Biblia dice:

- "Antes exhortaos los unos a los otros <u>cada día</u>, entre tanto que se dice: Hoy; para que ninguno de vosotros se endurezca por el engaño del pecado". (Hebreos 3:13)

- "Mas buscad primeramente el reino de Dios y su justicia, y todas estas cosas os serán añadidas. Así que, no os afanéis por el día de mañana, porque el día de mañana traerá su afán. Basta a <u>cada día</u> su propio mal". (Mateo 6:33-34)

- "Cuando no sabéis lo que será mañana. Porque ¿qué es vuestra vida? Ciertamente es neblina que se aparece por un poco de tiempo, y luego se desvanece". (Santiago 4:14)

- "Y decía a todos: Si alguno quiere venir en pos de mí, niéguese a sí mismo, tome su cruz <u>cada día</u>, y sígame". (Lucas 9:23)

- "Y les dijo: Venid en pos de mí, y os haré pescadores de hombres". (Mateo 4:19)

- "Y enseñaba <u>cada día</u> en el templo; pero los principales sacerdotes, los escribas y los principales del pueblo procuraban matarle". (Lucas 19:47)

- "Habiendo estado con vosotros <u>cada día</u> en el templo, no extendisteis las manos contra mí; mas esta es vuestra hora, y la potestad de las tinieblas". (Lucas 22:53)

- "Y perseverando unánimes <u>cada día</u> en el templo, y partiendo el pan en las casas, comían juntos con alegría y sencillez de corazón, alabando a Dios, y teniendo favor con todo el pueblo. Y el Señor añadía <u>cada día</u> a la iglesia los que habían de ser salvos". (Hechos 2:46-47)

- "Y <u>todos los días</u>, en el templo y por las casas, no cesaban de enseñar y predicar a Jesucristo". (Hechos 5:42)

- "Así que las iglesias eran confirmadas en la fe, y aumentaban en número <u>cada día</u>". (Hechos 16:5)

- "Mientras Pablo los esperaba en Atenas, su espíritu se enardecía viendo la ciudad entregada a la idolatría. Así que discutía en la sinagoga con los judíos y piadosos, y en la plaza <u>cada día</u> con los que concurrían". (Hechos 17:16-17)

- "Y entrando Pablo en la sinagoga, habló con denuedo por espacio de tres meses, discutiendo y persuadiendo acerca del reino de Dios. Pero endureciéndose algunos y no creyendo, maldiciendo el Camino delante de la multitud, se apartó Pablo de ellos y separó a los discípulos, discutiendo <u>cada</u>

día en la escuela de uno llamado Tiranno. Así continuó por espacio de dos años, de manera que todos los que habitaban en Asia, judíos y griegos, oyeron la palabra del Señor Jesús". (Hechos 19:8-10)

- "Os aseguro, hermanos, por la gloria que de vosotros tengo en nuestro Señor Jesucristo, que cada día muero". (1 Corintios 15:31)

- "Porque dice: En tiempo aceptable te he oído, Y en día de salvación te he socorrido. He aquí ahora el tiempo aceptable; he aquí ahora el día de salvación". (2 Corintios 6:2)

- "Porque para mí el vivir es Cristo, y el morir es ganancia". (Filipenses 1:21)

El Evangelista D.L. Moody hizo algo cada día para dar el Evangelio.

- Jesus dijo en Marcos 16:15: "Id por todo el mundo y predicad el evangelio a toda criatura".

- Recuerde Hechos 5:42: "Y todos los días, en el templo y por las casas, no cesaban de enseñar y predicar a Jesucristo".

Entonces tenemos que alcanzar a las personas cada día para Cristo. Debemos hacer algo cada día para dar el evangelio del Señor Jesucristo a otras personas.

"Cada Día, Predique a Cristo"

Capítulo 2

El Plan de Salvación

¡Hola! Mi nombre es _____. Nosotros somos cristianos y estamos invitando a las familias de esta comunidad a nuestra iglesia. ¿Cuál es su nombre? ¡Mucho gusto! ¿Está usted visitando alguna iglesia? Bueno, es un placer conocerle, y yo no quiero gastar todo su tiempo. Una persona me explicó cómo yo podía ir al cielo, y esto cambió mi vida. Esta persona me dijo que Jesús me ama y que Él murió por mí para llevarme al cielo. Mi amigo, Jesús le ama a usted también. Él murió por usted para llevarle al cielo. ¿Sabe usted si muriera hoy (espero que no, espero que viva por mucho tiempo, pero sabe usted si muriera hoy), si iría al cielo?

La Biblia dice en 1 Juan 5:13: "Estas cosas os he escrito a vosotros que creéis en el nombre del Hijo de Dios, para que sepáis que tenéis vida eterna, y para que creáis en el nombre del Hijo de Dios".

Hay cuatro cosas que debemos saber para ir al cielo:

Número 1: Todas las personas en el mundo somos pecadores. Romanos 3:23 dice: "Por cuanto todos pecaron, y están destituidos de la gloria de Dios". Yo no soy perfecto. Yo he pecado. ¿Es usted perfecto, o ha pecado? Si, todas las personas en el mundo somos pecadores. Aparte de Jesucristo, no hay ninguna excepción.

Número 2: Hay un precio por nuestros pecados. La Biblia dice en Romanos 6:23: "Porque la paga del pecado es muerte". La muerte no es solamente la muerte física, sino también una muerte segunda - en el lago de fuego para siempre. La Biblia dice en Apocalipsis 20:14: "Y la muerte y el Hades fueron lanzados al lago de fuego. Esta es la muerte segunda". No es agradable, pero es el precio por mis pecados, y por sus pecados.

Número 3: Es muy buena noticia. La Biblia dice en Romanos 5:8: "Mas Dios muestra su amor para con nosotros, en que siendo aún pecadores, Cristo murió por nosotros". En otras palabras, Cristo murió para perdonar nuestros pecados, y para salvarnos del infierno y para llevarnos al cielo. Tres días después de la muerte de Jesús, Él resucitó. Jesucristo murió en la cruz para perdonar todos sus pecados y para salvarlo del infierno.

Juan 3:16 dice: "Porque de tal manera amó Dios al mundo, que ha dado a su Hijo unigénito, para que todo aquel que en él cree, no se pierda, mas tenga vida eterna".

Número 4: La Biblia dice: "Mas la dádiva de Dios es vida eterna en Cristo Jesús Señor nuestro". Note cómo usted puede recibir la vida eterna: "en Cristo

Jesús Señor nuestro". No es por unirse a una iglesia, o por hacer buenas obras. Son buenas cosas, pero no son el camino para ir al cielo. Jesucristo dice en la Biblia: "Yo soy el camino, y la verdad, y la vida; nadie viene al Padre, sino por Mí". Jesucristo es el único camino al cielo. Cristo murió en la cruz para darle vida eterna; la vida eterna es gratis para usted. Solo necesita aceptar a Jesucristo en su corazón, poniendo toda su fe y su confianza solo en Él para ir al cielo.

Ahora, quiero hacerle unas preguntas: ¿Cuántas veces Jesucristo nació en la tierra? (Una vez.) ¿Cuantas veces Jesucristo murió? (Una vez.) ¿Cuántas veces Jesucristo se levantó de entre los muertos? (Una vez.) Entonces, ¿cuántas veces usted necesita invitar a Jesucristo en su corazón para ir al cielo? (Una vez.)

Vamos a repasar. ¿Entiende que todos somos pecadores? (Sí.) ¿Entiende que el precio por nuestros pecados es el infierno? (Sí.) ¿Entiende que Cristo murió en la cruz para salvarle del infierno? (Sí.) ¿Entiende que el único camino a la gloria es confiar solamente en Cristo Jesús para ir al cielo? (Sí.)

Muy bien. Esto es muy importante. La Biblia dice: "Porque todo aquel que invocare el nombre del Señor, será salvo". ¡Será salvo! ¡Es una promesa de Jesucristo! En otras palabras, usted no irá al infierno para siempre, pero si va a la gloria para siempre. ¿Puede ir Jesucristo al infierno para siempre? ¡No! ¡Él está en la gloria! Y con Jesucristo en su corazón, ¿a dónde irá cuando usted muera? Sí – al cielo.

Jesús le ama y quiere recibirle a usted. Usted quiere recibir a Jesucristo para ir al cielo, ¿verdad? (y/o) Usted quiere invitar a Jesucristo en su corazón y confiar solo en Él para ir al cielo, ¿verdad?

Ahora, quiero orar por usted. "Querido Dios, gracias por este día. Por favor, ayuda a (mi amigo)_____ para que invite a Jesucristo en su corazón para ir al cielo." Ahora, Jesús quiere entrar en su corazón, pero usted necesita invitar a Jesucristo en su corazón. Por favor, repita esta oración, pero el camino a la gloria no es solo la oración. Es confiar en Jesucristo para salvarle. Repita esta oración, por favor:

"Señor Jesús, Sé que soy pecador. Por favor perdóname todos mis pecados, sálvame del infierno, y llévame al cielo. Te invito a entrar en mi corazón. Yo confío en Ti solamente por mi salvación. Gracias, Jesús, por entrar en mi corazón. En el nombre de Cristo, Amén".

¿Confió sinceramente en Cristo Jesús y le aceptó como su Salvador? (Sí.) ¡Muy bien! Es muy importante. Ahora, ¿a dónde invitó usted a Jesucristo? Si, en su corazón. Y ¿por cuánto tiempo estará Cristo en su corazón – por un día, o para siempre? ¡Para siempre! Entonces, si Jesucristo está en su corazón, y está ahí para siempre, cuando usted muera, ¿a dónde iría, al infierno, o a la gloria? ¡A la gloria! ¿Puede Jesucristo ir al infierno para siempre? ¡No! ¡Él está en la gloria! Y usted va al cielo para siempre también porque Jesucristo está en su corazón.

¿Cuántas veces usted necesita invitar a Jesucristo en su corazón? Una vez, ¿verdad? ¿Puede Jesucristo salir de su corazón? ¡No! ¡Nunca! ¡Él estará ahí para siempre! Entonces, si muriera en diez años, ¿a dónde iría, al infierno o a la gloria? ¡A la gloria! ¿Por qué? Porque Jesús está en su corazón para siempre. ¿Usted es perfecto hoy? No, pero Jesucristo murió por todos sus pecados y Él está en su corazón para siempre.

¡Muchas gracias por su tiempo! Jesús dice en la Biblia: "Yo soy el camino, y la verdad, y la vida". Jesús es el único camino a la gloria.

(**NOTA**: Si la persona a la cual usted le está presentando el Evangelio, le hace cualquier pregunta, usted puede contestarle así: "Es una buena pregunta, pero ¿puedo contestarla cuando termine con esto? ¿Sí?")

Ayuda para ganar almas:

- Sonría, sea amable, y sea positivo.
- Vaya creyendo que la gente va a recibir a Cristo.
- "Rebote la pelota tres veces". Esto significa que debe intentar de compartir el Evangelio con la persona por lo menos tres veces, a pesar de que la persona ponga excusas (usted debe intentarlo pero con amor y amabilidad). Recuerde la nota de arriba.
- Comparta el evangelio en forma de su testimonio. (Por ejemplo: "Una persona me explicó que Dios me amaba y quería que yo fuera al cielo. Él me explicó que todos somos pecadores..." y continúe dando el plan de salvación en forma de testimonio.)
- Use versículos para explicarles la seguridad de la salvación. (Romanos 10:13, Juan 3:16, Juan 6:47, Juan 1:12, Juan 5:24, 1 Juan 5:11-13, Juan 3:36)

Capítulo 3

Dar Seguridad de Salvación

Los siguientes versículos pueden ayudarle para dar la seguridad de Salvación:

- Romanos 10:13 Porque todo aquel que invocare el nombre del Señor, será salvo.

- Juan 3:16 Porque de tal manera amó Dios al mundo, que ha dado a su Hijo unigénito, para que todo aquel que en Él cree, no se pierda, mas tenga vida eterna.

- Juan 3:36 El que cree en el Hijo tiene vida eterna; mas el que es incrédulo al Hijo no verá la vida, sino que la ira de Dios está sobre él.

- Juan 5:24 De cierto, de cierto os digo: El que oye mi palabra, y cree al que me envió, tiene vida eterna; y no vendrá a condenación, mas ha pasado de muerte a vida.

- Efesios 2:8-9 Porque por gracia sois salvos por medio de la fe, y esto no de vosotros; pues es don de Dios; no por obras para que nadie se gloríe.

- Juan 6:47 De cierto, de cierto os digo: El que cree en mí, tiene vida eterna.

De esta manera usted puede dar la seguridad de la salvación a las personas que decidieron recibir a Cristo. Usted puede mostrarles lo que dice el libro de Romanos 10:13. Léalo en voz alta. Despúes, use las siguientes preguntas para dar énfasis sobre el la seguridad del Evangelio:

"¿Quién es 'todo aquél'?" (CUALQUIERA)
"¿Significa usted?" (SÍ)
"¿A quién acaba de invocar?" (A JESÚS)
"¿Qué le pidió a Cristo que hiciera por usted?" (QUE ME SALVARA)
"¿Fue sincero?" (SÍ)
"¿Qué prometió hacer?" (SALVARME)
"¿Salvarlo de qué?" (DEL INFIERNO)

"¿Dios puede mentir?" (NO)
"Entonces si usted muriera ahora mismo, ¿adónde iría?" (AL CIELO)
"Si usted muriera mañana, ¿adónde iría?" (AL CIELO)
"Si muriera dentro de diez años, ¿adónde iría?" (AL CIELO)

Muéstreles que Jesús está siempre en sus corazones, y promete que nunca los dejará, aun cuando vuelven a pecar. Enséñeles que Jesús promete que Él nunca los dejará y cumplirá su promesa de que Cristo los llevará al Cielo.

Es importante explicarles sobre la seguridad de salvación de su alma, así como los grandes ganadores de almas lo hacían en otros tiempos, para ayudarles a fundamentar su fe en el Señor Jesucristo.

Capítulo 4

La Invitación

Yo doy una invitación pública más o menos así:

Mis amigos, yo le dije a Jesucristo: "Por favor, entra en mi corazón, perdóname todos mis pecados, sálvame del infierno, y llévame al cielo". Entonces Jesús entró en mi corazón. Jesús les ama muchísimo. Él murió para llevarles al cielo. Usted solamente necesita decir: "Señor Jesús, por favor entra en mi corazón y llévame al cielo". Y Jesús entrará en su corazón.

En este momento yo quiero hacer algo que he hecho con muchas personas. Yo quiero guiarle en una oración pequeña y especial, en la que usted puede decirle: "Señor Jesús, por favor entra en mi corazón, perdóname todos mis pecados, sálvame del infierno, y llévame al cielo". Y Jesús va a entrar en su corazón.

Entonces por favor repita esta oración conmigo. Todos repitan conmigo. Niños, jóvenes, adultos, repitan esta oración: "Señor Jesús". Así es. Todos conmigo: "Señor Jesús, por favor entra en mi corazón. Perdóname todos mis pecados. Sálvame del infierno, y llévame al cielo. Yo creo y confío que moriste por mí, para llevarme al cielo. Gracias, Jesús, por entrar en mi corazón. Gracias, Jesús, por salvarme del infierno. Te acepto en mi corazón para ir al cielo. En el nombre de Jesús. Amén".

Mis amigos, ¿quién está aceptando a Jesucristo en su corazón para ir al cielo? Levante su mano bien alto, por favor. Dios les bendiga. ¿Quién más está aceptando a Jesucristo en su corazón para ir al cielo? Levante su mano bien alto, por favor. Dios les bendiga. Muchas gracias.

Mis amigos, cuando aceptamos a Jesucristo en nuestro corazón, ¿a dónde vamos? ¿Al infierno o al cielo? ¡Al cielo! Y ¿quién va a llevarnos al cielo? El Señor Jesucristo. ¿Quién está en nuestros corazones para llevarnos al cielo? El Señor Jesucristo.

Capítulo 5

Ayuda para Ganar Almas (Parte 1)

La Biblia dice en Mateo 10:16, Jesús está hablando en éste versículo: "He aquí, yo os envío como a ovejas en medio de lobos; sed, pues, prudentes como serpientes, y sencillos como palomas".

Vemos a Jesús mandando a los discípulos para ir y predicar el Evangelio. Jesús les dijo a los discípulos que necesitaban ser sabios como serpientes y sencillos como palomas. Éste versículo también aplica a nosotros hoy en día. Usted y yo debemos ser sabios, astutos, hábiles, e inteligentes en la manera en la que explicamos el Evangelio; mas también debemos ser sencillos como palomas. Tenemos que darnos cuenta de que todo tiene que ver con Jesucristo como nuestra prioridad en nuestra vida. Nuestro trabajo no es glorificarnos a nosotros, sino glorificar a Jesús. La Biblia dice que debemos ser sabios cuando compartimos el Evangelio.

Vamos a explorar este tema y voy a darle algunas cosas prácticas para ayudarles a los ganadores de almas. Le compartiré algunas pepitas de oro y verdades que pueden ayudarle en su actividad de ganar almas de una manera más eficiente.

Considero que lo que voy a compartir con usted hará una diferencia en su vida. El Dr. Jack Hyles solía decir que cada hombre era su maestro; en otras palabras, el Dr. Jack Hyles también quería aprender. Y yo también deseo seguir aprendiendo más, porque así es como nos hacemos sabios. La Biblia dice que seamos sabios. Debemos hacer las cosas de la manera correcta y compartir la Palabra de Dios de manera sabia. El Pastor Hyles decía que estaba dispuesto a ir a donde fuera necesario para tomar esa gran ideo o una gran verdad. Por ejemplo si había una idea o una gran verdad que pudiera tomar en el estado de California, él tomaría un avión y volaría hasta allá para que pudiera tomar esa gran idea o gran verdad para así ayudar a otros.

Puede ser que usted sea un gran ganador de almas o tal vez, puede ser que apenas está comenzando. Pero creo que lo que voy a compartir con usted le ayudará. Si queremos ser sabios, entonces necesitamos seguir aprendiendo. Yo creo que sí queremos ser de ayuda a otras personas, necesitamos aprender, crecer, y desarrollarnos. Debemos reconocer que no lo sabemos todo. Yo estoy aprendiendo constantemente. El preguntarnos y analizarnos: ¿Qué puedo hacer en esta situación? ¿Cómo puedo hacer las cosas mejor para el Señor? Yo a esto le llamo sabiduría. La Biblia dice que debemos buscar la sabiduría para que podamos ayudar a otros con la mejor noticia de todas: El Evangelio del Señor Jesucristo. Debemos ser sabios al compartirlo para que ellos puedan ir al cielo algún día.

Quiero compartirle algunos puntos que pueden ser de ayuda.

Cuando sale a ganar almas, usted debe ser amable.

Usted necesita ganarse a la persona. Algunos cristianos cuando salen tienen una mala actitud y su cara refleja su actitud. Tal vez cuando sale su cara parece igual a la cara de su suegra. Nadie quiere ver eso. Tal vez muestra una mirada de enojo y le pregunta a la persona: "¿Quiere usted ir al cielo conmigo un día?" ¿Quien quisiera estar en el cielo con una persona con una mirada como la de usted?

Al contrario usted debe decir: "¡Oye! Tengo la mejor noticia del mundo. Escucha: ¿Deseas ir al cielo? El cielo es un lugar maravilloso. No habrá más tristeza ni dolor. ¿Quieres ir al cielo?" Nadie que es normal ha pensado que quiere ir al infierno. Nosotros debemos ser amables. Debemos decir cosas como por ejemplo: "Usted tiene una hermosa casa". Debe decir cumplidos a la persona, platicar con la persona, ser amable, y sonreír. Debe tener una sonrisa en su rostro. Sería de mucha ayuda si tan sólo saliera con una sonrisa a ganar almas y dijera: "Quiero hablar con usted rápidamente". Sea amable con las personas. Esto le será de gran ayuda cuando sale a ganar almas.

Pregunte si asiste a alguna iglesia.

Puede decirle: "¿Asiste usted a alguna iglesia?" Cuando la persona responda su pregunta, tal vez le conteste a usted: "Si, voy a la iglesia católica", o "Voy a la iglesia mormona", o "Voy con los testigos de Jehová". ¿Qué es lo que logramos al preguntar esto? Usted tiene suficiente información para darse cuenta de lo que la persona cree. Esto le ayudará a saber usted en que confía la persona.

Por cierto, si usted está hablando con alguien y la persona quiere saber qué es lo que la persona cree, usted puede decirle: "Permítame hacerle una pregunta. Si usted muriera hoy, y estuviera en la presencia de Dios y Él le preguntara, '¿Por qué debo dejarte entrar al cielo?', ¿Usted qué le diría?" Esta es una manera en la que usted puede averiguar en qué está confiando la persona para ir al cielo. Si usted le preguntara a alguien: "Si usted muriera hoy, espero que no, yo deseo que usted viva una larga vida, pero ¿sabe usted si iría al cielo?", y si la persona responde: "Si, lo sé con seguridad", entonces usted debe puede proseguir: "¡Eso es maravilloso! Muchas personas no saben eso. ¿Cómo sabe eso con seguridad? ¿Cómo sabe que irá al cielo?" De ésta manera usted puede saber en qué confía para ir al cielo, en qué o en quién está puesta su fe, y usted puede darle a conocer la verdad que le hará libre. La Biblia dice: "y conoceréis la verdad, y la verdad os hará libres". (Juan 8:32) Debemos ser amigables y tratar con amor a las personas. Mantenga una sonrisa y vaya a ganar almas creyendo y confiando en Dios. Esto puede ayudarle al ganar almas.

Algo que usted puede complementar, si le dice que va a tal o cual iglesia católica u otra denominación es decirle: "¡Qué bueno!" Usted puede estar pensando en éste momento: ¿por qué le voy a decir que es bueno? Bueno, porque la persona tiene interés en Dios. Debe aprender a ser positivo y amable al hablar con las personas. Usted va a compartirles la verdad que puede librarlos. Ellos no necesitan escuchar: "¡Usted adora ídolos! Usted es una persona mala". Inclusive no debe hablar mal de quienes dirigen la iglesia a dónde ellos se congregan. No necesitan escuchar algo malo de ellos. Usted debe predicarles sobre Jesús. Si exaltamos a Jesús, las personas se acercarán a Él. Necesitamos hablar acerca de Jesucristo.

Mantenga su enfoque, que es presentar a Cristo.

Tal vez la persona diga: "No creo en Dios". Usted puede decirle: "Bueno, está bien". Tal vez usted ahora está pensando: ¿Por qué está bien? Bueno, porque esa persona no tiene muchas creencias equivocadas acerca de Dios. Usted puede decir algo positivo. Piense siempre en algo bueno o positivo que decir porque está a punto de darle la verdad que puede librar a esa persona de un castigo eterno. Mantenga su enfoque en hablarle a la persona de Cristo.

A veces escucho a muchas personas que dicen lo siguiente: "¿Puedo tomar unos minutos de su tiempo y compartir con usted cómo puede estar seguro de que irá al cielo?" o también puede decirle: "¿Si yo pudiera enseñarle con la Biblia cómo puede estar seguro de que irá al cielo, me permitiría tomar unos minutos y compartir esto con usted?" Considero que tal vez pedir la aprobación de la persona muestra buena educación, pero recuerde que Jesús dijo: "Id por todo el mundo y predicad el evangelio a toda criatura". (Marcos 16:15) La Biblia dice, "Vé por los caminos y por los vallados, y fuérzalos a entrar, para que se llene mi casa". (Lucas 14:23)

La Biblia dice: "Conociendo, pues, el temor del Señor, persuadimos a los hombres". (2 Corintios 5:11a) Estos versículos significan que debemos hacer todo lo que podamos hacer para alcanzar a las personas para Cristo. A mí, Jesús me dice que vaya y predique el Evangelio a toda criatura. Tenemos el mandato de ir y testificarles sobre el Evangelio. Así que, muchas veces yo digo: "Me permite hacerle una pregunta: ¿Si muriera hoy, sabe con certeza que usted iría al cielo?" Puede notar que yo estoy diciendo: "Permítame hacerle una pregunta", (Yo estoy dirigiéndome inmediatamente a la pregunta). No les pido permiso. Algunos ganadores de almas dicen: "¿Puedo tomar unos minutos de su tiempo para compartir...?" etc. Pero, comenzar con ésta pregunta no es muy sabio, porque el diablo puede usarla, porque la persona va a tener todo tipo de excusas.

Entonces usted debe decir: "Permítame compartirle rápidamente como puede saber con certeza que va al cielo. No quiero tomar mucho de su tiempo". (Para mí es importante mencionarle a la persona: "Yo no quiero tomar mucho de su tiempo, pero permítame compartirle rápidamente cómo puede usted estar seguro de ir al cielo". o, "Permítame compartir con usted lo que alguien me enseñó en alguna ocasión y que cambió mi vida".) No pida permiso.

A muchas personas he visto aplicar éste tipo de preguntas, donde las personas pueden poner cualquier clase de pretexto y se niegan en escuchar el plan de Salvación. Mejor debemos decir: "Yo no quiero tomar mucho de su tiempo". De ésta manera la persona sabe que no va a pasar horas con él o ella cualquiera que sea el caso. No sabemos qué puede pasar, pero creo que sería mejor que le dijera a la persona: "No quiero tomar mucho de su tiempo. Quiero compartirle algo que cambió mi vida. Creo que esto lo puede ayudar. Quiero compartir con usted..." etcétera. La persona estará con mejor disposición para escucharle.

No pida permiso para compartir el Evangelio.

El permiso se lo ha dado Jesucristo; le ha dado el permiso de predicar el Evangelio a toda criatura. Esto le puede ayudar a ganar almas, si usted aplica lo que le estoy enseñando.

Si por alguna razón la persona se niega y persiste en no escucharle y le dice a usted: "Escuche, no tengo tiempo ahora", usted puede responder: "Bueno, lo siento. Sé que usted es una persona muy ocupada. Dios le bendiga y que tenga un buen día". Déjele un folleto. Retírese de manera amable, para así dejar la puerta abierta a alguien más, que después pueda compartirle el Evangelio. Si usted está dando el Evangelio y por alguna razón le interrumpen y no puede continuar, entonces debe terminar e irse. Pero, debe darse cuenta que usted debe ser persistente, debe intentar persuadir a la persona y hacer todo lo que pueda para alcanzarla para Cristo. Sé que pueden pasar muchas cosas; sin embargo usted puede trabajar con esas distracciones y tratar de mantener su enfoque en Cristo, dando el Evangelio; porque sin Cristo la persona morirá e irá al infierno por siempre. Usted no tiene ninguna garantía de que en otra ocasión usted verá a esa persona otra vez.

Cuando al ganar almas, usted tiene un tiempo muy breve, me refiero que tal vez se encuentre a gente en la calle y si la persona tiene mucha prisa, es bueno, es apropiado, y una buena estrategia pedirle unos minutos para explicarle algo muy importante o decirle cómo puede ir al cielo. Puede decir: "Hola. Disculpe la molestia. Estamos explicando lo que dice la Biblia acerca de cómo podemos ir al cielo. No tomaré mucho tiempo. Es muy rápido. ¿Usted puede darme cinco minutos para explicarle cómo puede ir al cielo? Muchas gracias". También puede simplemente decir: "Hola. ¿Cómo está? ¿Puede darme cinco minutos para explicarle algo muy importante? Muchas gracias".

Es importante en todo momento tener en cuenta que: Necesitamos mantener nuestro enfoque en Jesús. Siga predicando a Jesús. No importa lo que pase, necesitamos mantener nuestro enfoque en decirles a las personas sobre Jesús porque Él es el Salvador. Él es el único que puede salvarles. Cuando usted pregunte: "¿Si usted muriera hoy, sabe con certeza si iría al cielo?" puede decir: "Espero que no. Yo deseo que usted viva por mucho tiempo". De esta manera puede minimizar la pregunta y hacerla más clara para que la persona entienda y piense en ella. Ésta es una pregunta que hace que la persona reflexione sobre ella. Estas son algunas cosas que puede hacer usted, y que puede ayudarle en ganar almas para Cristo.

Quiero enfatizar en lo siguiente: Sea positivo. Sonría más. La Biblia dice que dar el Evangelio es compartir las buenas nuevas, las buenas noticias. Nosotros tenemos las mejores noticias del mundo: Jesús es el Salvador. Debemos ir y hablarles a las personas de Jesús y las buenas nuevas: "He aquí el Cordero de Dios, que quita el pecado del mundo". (Juan 1:29) Jesús dijo: "Y yo, si fuere levantado de la tierra, a todos atraeré a mí mismo". (Juan 12:32) Tenemos que predicar a Jesús. Jesús es el único que puede librarlos. Así que, prediquemos a Jesús.

Cuando sale a ganar almas para Cristo, muchos están acostumbrados ir de puerta en puerta, y eso está bien. Pero, algunos ganadores de almas se concentran tanto en tocar puertas que no ponen atención a un grupo de niños en la calle. Tal vez haya cuatro o cinco niños. Tal vez, ellos están jugando, o también puede haber un grupo de muchachos jugando fútbol o haciendo otra cosa. Usted debe tomar tiempo para ir con esos niños o muchachos y hablarles de Cristo. Normalmente ellos están disfrutando el día o están descansando. Usted puede aprovechar la oportunidad en ir y ganarlos para Cristo.

En ocasiones cuando yo salgo a ganar almas, busco específicamente dónde hay grupos de personas para hablarles de Cristo.

¡Sea observador!

He aprendido que buen tiempo para salir a ganar almas es en la tarde o en la noche, porque las personas están más relajadas. Ellos han terminado de trabajar todo el día y no tienen presiones; están relajadas y muchas ocasiones están sentadas descansando en su casa.

Puede decirles: "No quiero tomar mucho de su tiempo, pero quiero compartir con usted algo que cambió mi vida. ¿Sabe con certeza que irá al cielo?"

Sea amable con las personas, y usted podrá tener una oportunidad para alcanzarlos. Esto es algo que puede ayudarle.

¿Sabe algo interesante? Hollywood entiende esto. Ellos usan el tiempo que saben que tendrán mayor audiencia, porque saben el tiempo en que las personas están en casa. Entonces sería muy bien que usted salga a ganar almas en las tardes a diferentes lugares o a donde las personas se encuentren. Usted debe de pensar y reflexionar: ¿dónde están los peces? ¿Dónde se reúne la gente? ¿A dónde puedo ir y hablarles a las personas de Cristo? Debemos ir a donde las personas están. Cuando se encuentre caminando entre las calles, usted debe darse cuenta de lo que hay alrededor. Puede darse cuenta que habrá un grupo de niños aquí, habrá un grupo allá, y usted puede alcanzarlos para Cristo.

Le puedo garantizar que si usted hace esto, usted podrá alcanzar a más personas para Cristo. Una ocasión salí a ganar almas y me acompañaba un joven. Él y yo estábamos ganando almas, caminando por la calle, cuando de pronto miré a la calle de enfrente y había como 10 o 12 niños. Le dije a mi compañero: "Vamos a hablarles de Cristo rápidamente a aquellos niños", y al compartirles a los niños el Evangelio, la mayoría de ellos le pidieron a Cristo que les salvara. Podría ganar a más personas para Cristo si usted fuera consciente de las almas. Si usted observa a su alrededor, usted sabe ¿dónde están las personas? Ponga atención a las personas que se encuentren alrededor de usted, porque es necesario que les prediquemos el Evangelio a toda criatura.

Haga preguntas que le ayudarán a la persona a entender sobre el plan de Salvación.

¿Cómo puede tratar con un niño o alguien que dice que no ha pecado? Esto es algo que aprendí del Pastor Jack Hyles. Puede decir: "¿Sabe qué? Yo no conozco ninguna persona perfecta. El Señor Jesucristo es perfecto, pero nosotros no. ¿Es usted perfecto como Cristo? No, ¿verdad? Entonces todos hacemos cosas malas de vez en cuando. Nadie es perfecto; todos tenemos pecados". De esta manera puede ayudarles entender que todos hemos pecado.

Cuando está presentando el evangelio y hay niños presentes, debe hacer preguntas como: "¿Sabe lo que es el pecado?" "¿Puede decirme que es el pecado?" Y ellos pueden responder: "Pecado es: mentir, maldecir, odiar, etc.". Usted estará haciendo que ellos respondan.

En el siguiente punto que se trata de enseñarles la causa del pecado, usted puede decirles: "Cuando hacemos algo malo, ¿qué merecemos? ¿Un castigo o un regalo? ¿Cuándo hacemos algo malo recibimos un regalo o un castigo?" La mayoría de ellos responderá: "Recibimos un castigo". Usted está ayudándoles a entender y comprender el plan de Salvación. Entonces usted puede proseguir al siguiente punto diciendo: "¿Quién murió en la cruz por nosotros?" Ellos responderán: "Jesús". Si usted les hace preguntas, usted puede ayudarles a entender y comprender de mejor manera el plan de Salvación. Usted les dará la oportunidad de entender y de responder al Evangelio. Pero si alguien habla muchísimo y trata de interrumpirle, es mejor no hacerle preguntas a esa persona y solamente darle el Evangelio.

Cuando usted está dando el Evangelio, usted debe dar su testimonio. Esto es algo que aprendí de un gran ganador de almas que salía a ganar almas siete días a la semana y su nombre era Carl Laurent. Él daba su testimonio cuando estaba testificando. Por ejemplo él comenzaba diciendo: "¿Sabe qué? Un día alguien compartió conmigo cómo podía estar seguro de ir al cielo. La persona que me dijo cómo ir al cielo me mostró que la primer cosa es que todos somos pecadores. Sabía que yo era un pecador. Después él me dijo que había un precio por mi pecado, y ese precio era la muerte, y sabía que había hecho mal. Yo sabía que si Dios me daba lo que merecía, iría al infierno".

De esta manera Dr. Laurent me enseñó a que estamos poniéndonos en la condición y en el lugar en el que ellos se encuentran. Usted puede dar el Evangelio a través de su testimonio. Yo lo he hecho muchas, muchas veces, y Dios ha bendecido la manera en que he compartido el Evangelio. Esta también es una manera práctica en la que puede dar el Evangelio a otros.

De esta manera usted no está señalándole solamente diciéndole: "tú, tú, tú", sino que usted se está incluyendo, y eso funciona bien. Usted puede decir: "Por cuanto todos pecaron. Yo he pecado. Usted ha pecado". Usted se está poniendo en el lugar de la persona. Cuando da el Evangelio a través de su testimonio, eso puede tener gran impacto en la vida de las personas. Puede ser que las personas pregunten algunas cosas, pero no pueden tomar mucho tiempo para discutir sobre su testimonio personal.

Pablo viajaba y daba su testimonio. Si estudia el libro de Hechos, se dará cuenta de que Pablo dio su testimonio varias veces. Entonces, podemos dar nuestro testimonio. Jesús le dijo al hombre gadareno, después de que el hombre fue salvo y se puso a cuentas con Dios, Jesús le dijo: "Vete a tu casa, a los tuyos, y cuéntales cuán grandes cosas el Señor ha hecho contigo, y cómo ha tenido misericordia de ti". (Marcos 5:19) Así que, usted también puede dar su testimonio. Podemos decir: "Un día una persona compartió conmigo..." y después compartir el Evangelio.

Muchas veces cuando estoy a punto de terminar de dar el Evangelio, digo: "Un día le dije a Jesucristo: 'Señor Jesús, ven a mi corazón, perdona mis pecados, sálvame del infierno, y llévame al cielo'". Lo que estoy haciendo es darle a la persona la oportunidad de entender lo que se necesita para ser salvo. Necesita que Cristo le salve.

Aprenda a dar el plan de Salvación a través de dar su testimonio.

Esta es una manera maravillosa para alcanzar a otras personas para Cristo. Esto puede ayudarle para ganar almas.

Un día un estudiante iba por la calle y se encontró con un hombre discapacitado. El joven le preguntó: "¿A qué se dedica, señor?" El hombre le respondió: "Estoy buscando ovejas perdidas". Cuando el joven corrió a casa para decirle a sus padres sobre el hombre que estaba buscando ovejas perdidas, sus padres le respondieron: "Ese es el tío John Vassar, es misionero. Él está buscando a las personas para ganarlas para Cristo".

El tío John era dueño de una cervecería antes de convertirse. Después de ser salvo, su conciencia le obligó a dejar ese trabajo. Después su esposa y sus dos hijos murieron, pero, confiando en el Señor, el tío John decidió pasar el resto de su vida buscando a las ovejas perdidas. Viajó de iglesia en iglesia y ganó a miles de personas para el Salvador.

El tío John se llamaba a sí mismo "El perro pastor del Señor". Él pertenecía al Señor y estaba buscando a las ovejas que podía llevar a su Salvador. Cuando el tío John murió en el año de 1878, fue elogiado como el más hábil ganador de almas en América.

Hagamos todo lo que podamos hacer para traer a otros a Cristo.

En cierta iglesia había pasado más de un año en que habían ganado a un alma para Cristo. El pastor se dirigió a los líderes que ministraban en diferentes ministerios en la iglesia, y les expresó lo que él pensaba sobre el hecho de que debían renunciar a su cargo, porque no estaban ganando almas. Les preguntó si alguno de ellos había intentado recientemente ganar a alguien para Cristo. Ninguno lo había hecho. Entonces el pastor les dijo: "Hagamos un pacto. Si el Señor no nos puede usar para traer almas a Él pronto, entonces todos renunciaremos". Y entonces todos estuvieron de acuerdo.

El siguiente lunes un diácono de ésa iglesia iba camino a su negocio. Su corazón estaba con una gran carga sobre compartir el Evangelio. Al llegar a su negocio, le pidió a un trabajador que fuera a la oficina. Después de hablar de corazón a corazón y de orar, el trabajador salió de la oficina de ése diácono, y salió siendo un hombre salvo. Uno por uno los trabajadores fueron llamados a la oficina. Cuando llegó la tarde, él diácono había guiado a once personas a Cristo.

Los otros líderes habían estado haciendo lo mismo en sus trabajos. Para el siguiente domingo, treinta hombres fueron asistieron por primera vez a la iglesia. Éste resultado se dio por compartir el Evangelio por parte de los líderes de la iglesia y que nunca antes habían intentado ganar almas.

¿Qué pasaría si todo el pueblo de Dios empezara a ganar almas? ¿Qué pasaría si cada cristiano cumpliera con este trabajo? ¡Hagamos todo lo que podamos hacer para alcanzar a las personas para Jesucristo!

Capítulo 6

Sea un Sabio Ganador de Almas (Parte 2)

La Biblia dice en el libro de Mateo 10:16: "He aquí, yo os envío como a ovejas en medio de lobos; sed, pues, prudentes como serpientes, y sencillos como palomas".

La Biblia nos enseña que debemos ser sabios e inteligentes en la manera que compartimos el Evangelio. Siempre será sabio alcanzar a otras personas para Cristo. La Biblia dice en Proverbios 11:30: "El fruto del justo es árbol de vida; y el que gana almas es sabio". La Biblia también dice en Daniel 12:3: "Los entendidos resplandecerán como el resplandor del firmamento; y los que enseñan la justicia a la multitud, como las estrellas a perpetua eternidad". No hay nada mejor en ésta vida que alcanzar a personas para Cristo. La Biblia dice en Proverbios 1:5: "Oirá el sabio, y aumentará el saber, y el entendido adquirirá consejo". Entonces Dios nos anima ser sabios en aprender a ser mejores ganador de almas. Quiero compartirle algunas ideas que pueden ayudarles cuando salgan a ganar almas.

Sea un compañero eficiente.

Quizás usted es un compañero para ir a ganar almas, y permanece en silencio y solo observa. Sin embargo, no se quede en ése estado solamente. ¡No! Usted debe de estar orando. Usted debe decir: "Espíritu Santo de Dios, habla al corazón de esta persona. Dale al ganador de almas sabiduría, orientación, y dirección. Llénalo con Tú poder y Tú amor. Dios, habla al corazón de ésta persona". Usted debe orar en silencio; no estoy diciendo que usted debe ponerse de rodillas con sus manos alzadas. Usted ore quietamente en silencio. Dios le escucha. Hay poder en la oración.

Cuando usted está orando, Dios también lo está usando. También debe mantener los ojos abiertos. Puede ser que se presente algún problema. Alguien puede interrumpir y usted puede testificarle a esa persona; o tal vez haya algunos niños inquietos, y usted puede hablarles de Cristo a esos niños. Trate de quitar todo lo que pueda distraer a la persona a la que se le está presentando el Evangelio. Sea de ayuda. Sea un compañero silencioso; en tanto que se esté presentando el Evangelio, usted ore. No hable y no interrumpa. Manténgase en quietud y ore. Deberían organizarse en equipo y decidir de antemano quien va a testificar. Ahora, si Dios permite la oportunidad de presentar el Evangelio a otra persona, entonces la otra persona será el compañero silencioso. Pero usted también sea el compañero silencioso cuando le corresponda su turno.

Use la Biblia.

Tal vez en alguna ocasión usted se enfrente a personas que le argumenten al responder a la pregunta: "¿Usted cree en la Biblia, verdad? La Biblia nos dice cómo podemos estar seguros que vamos al Cielo".

Considero que es mejor no usar esa pregunta ¿Usted cree en la Biblia? Solamente use la Biblia. Pero entonces si la persona dice: "Pues, no creo en la Biblia. Porque pienso que ha sido escrita por hombres". Ante éste argumento tal vez usted piense: "No puedo ayudar a esa persona. Él no cree en la Biblia, y la Biblia es lo que lo puede hacer libre a ésa persona".

Pensar de esa manera sería una locura. Porque por ejemplo: si yo tuviera un rifle y estuviera en campo de guerra, preguntaría al enemigo: "Oye, disculpa ¿crees que esto sea un rifle?" (¿Qué tipo de pregunta es esa?) No, ¡usted no pensaría así! ¡Usted usaría el arma! Entonces ¡use el arma! ¡Use la Palabra de Dios! Si la persona le dice: "No creo en la Biblia", usted use la Biblia de todas maneras, porque la Biblia es poderosa. Usted puede decirle: "¿Sabe algo? Un día alguien compartió conmigo unas verdades de la Biblia y me dijo cómo yo podía tener la seguridad de ir al Cielo cuando yo muriera. Saberlo cambió mi vida. Yo sé que usted dice que no cree en la Biblia, pero quiero compartirle algo que simplemente a mí me ayudó. Esa persona que le menciono, compartió conmigo de la Biblia, y me mostró que todos somos pecadores…" etcétera, etcétera.

Entonces usted puede proseguir en dar el Evangelio. Siempre use la Palabra de Dios. La Palabra de Dios es "viva y eficaz, y más cortante que toda espada de dos filos". En el libro de Hebreos 4:12 dice esto. Necesitamos usar la Palabra de Dios para hacer una diferencia.

Sea Persistente.

Puede ser que alguien le diga: "Yo no creo en la Biblia". Usted puede preguntarle: "Señor, permítame hacerle una pregunta. ¿Usted cómo interpreta el mensaje principal de la Biblia? Por ejemplo, ¿qué es lo que enseña la Biblia sobre como uno puede ir al cielo un día? ¿Qué es lo que usted entiende de ese tema?"

La persona pueda insistir diciendo: "Pues yo no creo en la Biblia. No creo en eso". Usted puede persistir y decirle: "Pues, señor, ese es su derecho de no creer y yo respeto eso. Pero permítame preguntarle – ¿Qué conoce usted de lo que la Biblia dice acerca de ir al cielo?"

La persona podrá decirle: "Pues, uno tiene que ser bueno, e ir a la iglesia, y tiene que lo necesario para ganarse el cielo".

Usted le puede decir: "¿Sabe? Eso es lo que temía. La Biblia no enseña lo que usted me acaba de decir. Es más, lo que usted me dijo sobre el hecho de ir a la iglesia y todo lo demás que mencionó, la Biblia dice y enseña que es completamente lo opuesto a lo que usted me acaba de decir. La Biblia si nos enseña sobre cómo ir al cielo. Ahora, ¿no piensa usted que sería una opción más inteligente, de entender primero lo que la Biblia dice acerca de cómo ir al Cielo para que usted pueda tomar una decisión inteligente, basada en lo que dice la Palabra de Dios?"

La persona puede decirle: "Pues, eso tiene sentido". Y usted puede continuar presentando el Evangelio: "Alguien compartió conmigo de la Biblia, y esto es lo que compartió…" La Palabra de Dios es poderosa. No le he preguntado si él cree en la Biblia. La Palabra de Dios es poderosa. ¿Usted cree que la Palabra de Dios es poderosa? Entonces, confíe en la Palabra de Dios. No permita que algo le impida compartir el Evangelio con la persona. Esto puede serle de ayuda cuando esté ganando almas.

Por ejemplo, si alguien le dice: "Yo no creo en el infierno. No creo en el Cielo o el Infierno o Jesucristo o la Biblia, etc…" Usted puede decirle: "Permítame hacerle ésta pregunta: de todo el conocimiento que hay en el mundo, ¿qué porcentaje de conocimiento piensa que tiene usted?" Tal vez él le conteste: "Pues, considero tener como treinta por ciento".

Usted puede proseguir: "Increíble. Es muy inteligente. Yo dudo que yo tenga dos o tres por ciento de conocimiento. Pero vamos a suponer que usted tiene treinta por ciento del conocimiento de todo el mundo. Permítame hacerle esta pregunta: ¿Del setenta por ciento de conocimiento que usted no posee, cree que sea posible que exista un Dios?" Tal vez él diga: "Pues, no, no lo creo".

Usted puede decirle a la persona: "Señor, ¿Cómo puede usted estar seguro de eso? Apenas me dijo que usted no posee el setenta por ciento del conocimiento que existe. ¿Considera que usted necesita estudiar esto y pensarlo más detenidamente?"

Si esa persona le dice que él no cree en el infierno, usted puede decirle: "Alguien compartió esta verdad conmigo. Quizá usted me pueda escuchar y de esa manera entender y hacer una decisión inteligente basada en tratar de entender completamente en una verdad". (Entonces usted puede dar la Palabra de Dios).

La Palabra de Dios es poderosa. La verdad los hará libres. Ellos necesitan escuchar la Biblia. Deje que Dios haga lo que Él solamente puede hacer. Comparta la verdad y deje que la verdad los haga libres.

Usted debe tener en cuenta que algunas personas pueden decirle: "Pues yo creo que Jesús era un buen maestro. Él fue un gran hombre en la historia. Es un personaje histórico, y enseñó buenas cosas".

Usted puede decirle: "Para tratar de entender a Jesús, solo tenemos pocas opciones. Por ejemplo, permítame hacerle esta pregunta: ¿Piensa que Jesucristo era un mentiroso?"

Seguramente la persona va a argumentar: "No, yo pienso que no era un mentiroso; pienso que Él decía la verdad. Él fue una persona que decía cosas buenas".

Usted puede responder: "Pues, si no cree que era un mentiroso, ¿piensa que Jesús era un lunático? ¿Piensa que Jesús estaba loco o actuaba fuera de sí? ¿Piensa que Jesús debió estar en un asilo mental? ¿Usted cree eso?"

La persona tal vez le contestará: "No, pienso que Jesús compartió enseñanzas de las más interesantes y más grandes en el transcurso de la historia".

Usted puede introducir lo siguiente: "Señor, déjeme decirle que no quedan muchas opciones. Jesús dijo esto: 'Yo soy el camino, y la verdad, y la vida; nadie viene al Padre, sino por mi'. (Juan 14:6) Jesús dijo: 'Yo soy el único camino al cielo'. Jesús dijo: 'Porque de tal manera amó Dios al mundo, que ha dado a su Hijo unigénito, para que todo aquel que en él cree, no se pierda, mas tenga vida eterna'. (Juan 3:16) Jesús enseñó que Él es Dios. ¿Qué puede pensar de Jesús? ¿Cree que Él es Señor, o cree que sea un mentiroso, o tal vez piense que es un lunático? No existen otras opciones. Sólo tiene que escoger uno de esos tres.

Considere que Jesús no pudo ser un gran maestro y decir mentiras. Cuando estudia y conoce lo que Jesús dijo, sería incongruente que Él dijera mentiras sabiendo que eran incorrectas. Si realmente fuera así, Él sería un gran mentiroso, diciendo mentiras y a la vez decir que Él es el camino al cielo.

Si usted dice que Jesús es un lunático, y luego piense en las cosas maravillosas que Jesús decía, ¿cómo podría Jesús estar loco? Yo no creo que esté loco. ¿Qué opción nos queda? ¡Él es Señor de todo! Jesús es aquel que le ama y que murió por usted. Usted necesita a Jesucristo".

Éste tipo de argumentos puede ser de ayuda para usted cuando se encuentra con una persona intelectual. Usted puede usar el método antes mencionado: "¿Jesús era Señor, mentiroso, o lunático?"

En el caso de que él no creyera en lo que la Biblia dice, dígale: "Permítame plantearle un reto: Lea la Biblia por treinta días y ore todos los días. Le animo que comience con el Evangelio de Juan. Se encuentra en el Nuevo Testamento. Empiece a leer el libro de Juan y a orar todos los días y dígale al Señor: 'Dios, si eres verdadero y si Jesús en verdad existió y murió por mí, yo quiero conocerte'. Creo que si usted personalmente quiere conocer la verdad, entonces entenderá que lo que le estoy diciendo es verdad".

Puede dejar a aquella persona que es muy inteligente que experimente y permita que la Palabra de Dios obre en su vida. Muchas personas lo han hecho y han aceptado el reto de: "Leer la Biblia por treinta días y hacer la siguiente oración: 'Jesús, si eres real, házmelo saber". Al tomar ésos treinta días orando y leyendo la Biblia, muchas personas han llegado a conocer a Cristo como su Salvador personal. Tenemos la verdad, y la verdad nos hará libres.

Manténgase Enfocado.

Cuando esté ganando almas, usted necesita mantenerse enfocado. Repito, Mantenga su enfoque. Muchas veces ellos le harán preguntas como: "¿De dónde vino la esposa de Caín?" o "¿Qué cree sobre la política de los Estados Unidos de América?" o "¿Qué piensa sobre aquello?" o "¿Qué piensa sobre esto?" Ante estas preguntas usted necesita mantener su enfoque.

Ésta es la manera en que puede mantenerse enfocado:

Puede decir cada vez que ellos hacen alguna pregunta: "Es una buena pregunta. Permítame compartirle lo siguiente y al terminar yo puedo contestar su pregunta o podemos platicar sobre ése tema". No importa cuál pueda ser la pregunta, ellos incluso pueden decirle: "¿Usted cree que éste árbol es Dios?" Puede contestarle: "Es una buena pregunta. Cuando termine de compartirle lo siguiente, podemos platicar sobre ese tema".

La mayoría de las personas le van a permitir que usted les comparta el Evangelio y lo dejarán terminar. Decidir que usted se mantendrá enfocado le va a ayudar a usted a mantenerse sobre el tema principal: "El Evangelio".

Muchos ganadores de almas se desvían cuando comparten el Evangelio porque piensan: "Necesito contestar cualquier pregunta que la persona tenga o disipar su duda. Considero importante responderle referente a lo que dice la Biblia". Sin embargo, contestar otras preguntas fuera del enfoque (Presentar el Evangelio) le va a desviar del propósito principal. Usted necesita decir la siguiente frase: "Es una buena pregunta. Cuando termine explicarle sobre esto, podemos hablar sobre su pregunta. Inclusive puede ayudarle a contestar su pregunta. Escuchar lo que quiero compartirle le va a ayudar a entender sus dudas de una mejor forma. ¿Me permite terminar de compartir esto con usted? ¿Sí?"

Mantenga su enfoque. El plan del presentar el Evangelio debe ser claro y simple. Y cuando usted se mantiene enfocado, la verdad hará libres a las personas que están escuchándole. No se desvíe.

De la presentación del Evangelio de una manera sencilla.

Al presentar el Evangelio usted necesita mantenerlo simple. En otras palabras, hágalo sencillo. Algunos cristianos, por la manera en que explican el Evangelio, me pierden.

Necesita aprender a mantenerlo la presentación del Evangelio de una manera simple. Debe ser directo y al punto. Necesita ser muy claro en su manera de presentar el Evangelio. La Biblia dice que el Evangelio es tan sencillo que un niño lo puede comprender.

Mi pregunta para usted es: ¿usted cómo está explicando el plan de salvación? Se preguntaría un niño: "¿Qué es lo que usted quiso ilustrarme?" Debe presentar el Evangelio de una forma sencilla, simple, muy conciso y directo. Creo que presentar el Evangelio de una manera sencilla puede hacer libre a la gente.

Algunos pueden pensar: "Al presentar el Evangelio necesitamos ser muy detallados para explicarlo"; y podrán estar hablando por dos horas. Sin embargo, la persona ya perdió el interés sobre el Evangelio. Si usted quiere ser detallado, entonces explique el Evangelio claramente y brevemente. Muchos tienen muchas ideas para tratar de ilustrar tratando de presentar el plan de salvación, pero tenga en cuenta que sería mejor decir solamente: "La Biblia dice que todos somos pecadores". Usted pudiera hablar sobre Adán y Eva y se puede considerar como apropiado. Pero la mayoría de las veces se dará cuenta que dar muchas ilustraciones hizo muy complicado el presentar el Evangelio.

La Biblia dice que un niño puede comprender el Evangelio. Cuando usted lee el Evangelio de Juan, verá que es muy sencillo. La Biblia dice: "Porque de tal manera amó Dios al mundo, que ha dado a su Hijo unigénito, para que todo aquel que en él cree, no se pierda, mas tenga vida eterna". (Juan 3:16) Es muy sencillo. Cuando cree y confía en Jesús, usted puede ir al cielo un día.

Mantengámoslo sencillo. Mantenga sencillo el plan de Salvación. Estemos enfocados en el propósito de presentar el Evangelio. No nos desviemos al presentar el Plan de Salvación, porque cuando les damos la verdad, eso es lo que los hará libres. Entonces, no importa cuál es la pregunta que ellos puedan presentarle, usted debe de decir: "Es una buena pregunta. Cuando terminemos de hablar de esto, le puedo hablar de eso". Y si por alguna razón, las personas no mencionan otra vez sobre sus preguntas, usted no les recuerde. La mayoría de veces yo no les recuerdo sobre sus preguntas, para no desviarme del enfoque. Mantenga su enfoque; hacerlo le puede ayudar en ganar almas.

No trate de ser el Espíritu Santo.

No juegue el papel del Espíritu Santo. No trate de ser el Espíritu Santo. El Espíritu Santo es él que trae convicción a los perdidos y los acerca a Cristo. Pero algunos toman el papel de juez y juzgan a las personas y deciden si están listos o no para ser salvos. Si usted considera que es así, está equivocado. Yo no conozco el corazón de nadie. Además no sé si usted es salvo o no. Necesita parar de jugar el papel del Espíritu Santo de Dios y simplemente dar el Evangelio claramente y concisa.

Una ocasión el Pastor Jack Hyles le estaba testificando a un hombre, y el hombre estaba muy animado, y le dijo: "¡Quiero venir a la iglesia! ¡Quiero servir a Dios!" También había otro hombre a quien el Pastor Hyles le testificó diciendo: "¿Usted reconoce que es un pecador?" El hombre le contestó sin emoción: "Si, lo sé". El Pastor Hyles continuó diciendo: "¿Entiende que por nuestro pecado merecemos el infierno?" El hombre contestó, otra vez sin emoción: "Si, si lo entiendo". El Pastor Hyles le testificó y el hombre aceptó a Cristo.

El Pastor Hyles probablemente pensó: "No conozco de todo a éste hombre. No sé si él comprendió completamente"; sin embargo, ¿sabe qué sucedió? ¿Sabe quién fue un hombre fiel a Dios? ¿Quién fue el hombre que llegó a ser un miembro fiel en la iglesia que pastoreaba el Pastor Hyles? Fue ese hombre, el hombre que parecía no prestar mucha atención ni estar muy emocionado. ¡Nunca sabemos cómo es el corazón de las personas!

Una ocasión escuché la historia de un joven que no conocía de Jesús. Un día él se encontraba con un grupo de jóvenes. Ellos se encontraban divirtiéndose, y se reían de lo que hacían. Entonces un ganador de almas llegó a dónde se encontraban ellos y ese ganador de almas trataba de hablarles acerca de Jesús, pero no lo escuchaban. Sólo los jóvenes seguían riendo. Sin embargo, el ganador de almas siguió hablándoles de Jesús y al llegar a la oportunidad para aceptar a Cristo como su Salvador, aunque esos jóvenes se reían durante toda la explicación del Plan de Salvación. Entre ellos se encontraba ese joven que a pesar de encontrarse entre sus amigos y aunque reían, él decía: "Necesito esto. ¡Cómo necesito esto! Jesús, ven a mi corazón y sálvame". Ese joven fue salvo y llegó a ser un gran misionero.

Tal vez alguna ocasión usted se ha encontrado en una situación similar. Quizá se ha encontrado entre un grupo de personas que se estén riendo, pero nunca conocerá sus corazones. He testificado a algunas personas, y he pensado: "Esta persona me está escuchando", pero en el transcurso de la presentación del Plan de Salvación tengo que volver a repetir algunos puntos sobre cómo ser salvo y ayudarle a comprender mejor sobre el Plan de Salvación. Pero, aunque esa persona no puso mucha atención, sucede que hay otra persona que se encuentra a su lado. A mi parecer ella no estaba poniendo atención, y de repente cuando comienzo a hacer las preguntas sobre la seguridad de su salvación, esa persona que parecía no poner atención, me contesta cada pregunta correctamente.

Muchas personas que predican a los jóvenes pueden considerar: "Cuando les predico a los jóvenes, ellos parece que no les interesa mucho escuchar de Dios. Se ríen, se burlan, en ocasiones hasta se pican la nariz, pero después de haberles predicado y te acercas a ellos, te das cuenta que si pusieron atención. Ellos escucharon".

No juegue el papel del Espíritu Santo. Nosotros no podemos ver el corazón de nadie. Mantenga el Evangelio claro y simple, y después deles la invitación para recibir a Cristo como su Salvador personal. No juegue el papel que le corresponde al Espíritu Santo. Tiene que darle a la persona una oportunidad para aceptar a Cristo.

De la Invitación.

Deles la oportunidad de la invitación para aceptar a Cristo. Deje de jugar el papel del Espíritu Santo. Muchos dan un plan de salvación sencillo, claro, o simple, pero no invitan a la persona a aceptar a Cristo como su Salvador.

Es como cuando un hombre le dice a una mujer: "Te amo, y quiero pasar el resto de mi vida contigo", pero nunca le pide que se case con él. Así es como muchos testifican. Dan un maravilloso plan de salvación, pero luego no dan la oportunidad a las personas de aceptar a Cristo como su Salvador. Usted necesita ser muy conciso y claro y darles el Evangelio de una manera sencilla. Nunca juegue el papel del Espíritu Santo. Jesucristo es quien es el autor de su salvación. Usted muéstrelo el plan de salvación de una manera clara y dele una invitación para aceptar a Cristo, y luego deje los resultados en las manos del Señor. No juegue el papel del Espíritu Santo de Dios.

No se detenga ante una excusa.

Si la persona le da excusas, no se detenga en compartir el Evangelio. Si ésa persona busca cualquier excusa para desviarle de su enfoque principal (Presentar el Evangelio), no se detenga.

Recuerdo cuando estaba platicando con un predicador y el predicador me hablaba sobre el Señor y sobre la condición tan necesaria en la que me encontraba de aceptar a Cristo en mi corazón. Recuerdo haber dado varias excusas para no hacerlo. Le dije: "¿Qué van a pensar mis amigos sobre decidir recibir a Cristo?" El predicador me dijo: "Imagina, si tus amigos estuvieran aquí y ellos metieran sus manos a agua hirviendo en un recipiente, ¿tú también lo harías, para complacerlos o para que no piensen mal de ti?" Le dije: "No, claro que no lo haría". Me dijo: "Pues, si en verdad son tus amigos verdaderos, ellos te van a animar y seguirán siendo tus amigos"

Otra excusa que le di al predicador ese día fue: "Predicador, yo no puedo vivir la vida cristiana". A lo que él contestó: "Nadie de nosotros podemos vivir la vida cristiana, y usted tampoco. Por ejemplo es como poner al furgón de cola enfrente de la locomotora que dirige el tren. Eso no se hace. Eso no es posible. No puedes vivir la vida cristiana si tratas hacerlo tú sólo. Por eso necesitas a Jesucristo. Él es el Salvador".

Él me dijo: "Si en verdad ellos son tus amigos, ellos te van a animar a recibir a Cristo y si decides hacerlo ellos todavía serán tus amigos". Aunque yo seguía dando excusa tras excusa al predicador, él seguía quitando mis excusas. Entonces comprendí que no había excusa que justificara el hecho de no querer aceptar a Cristo como mi Salvador y terminé confiando en el Señor. ¡Gloria a Dios! Ese predicador no se detuvo ante mis excusas.

No se dé por vencido. Si alguien le da una excusa, muchas veces significa que la persona está diciendo: "Quiero saber más", o "Quiero que me convenzas". No se dé por vencido. Si ese predicador que me habló de Cristo se hubiera dado por vencido conmigo y hubiera pensado como algunos cristianos han hecho cuando están ganando almas, (ante las excusas que las personas les dan y piensan: "Considero que ésta persona no está lista para recibir el Evangelio. Dios no ha preparado su corazón"), ¿dónde cree usted que estaría yo el día de hoy?

Usted no sabe. No conoce el corazón de nadie. Usted dé la verdad del Evangelio. Comparta la Palabra de Dios y haga que la persona sea retada y convencida a confiar en Cristo como su Salvador. Usted no conoce el corazón de nadie. Si la persona le da excusas, siga insistiendo. Siga dando el Evangelio y dele la oportunidad de recibir a Cristo. Hagamos todo lo que podamos hacer para alcanzar a otros para Cristo.

Una ocasión un misionero llamado a Moravia; iba a Las Indias Occidentales y se dio cuenta que él no podía alcanzar a las indígenas para Cristo. Deseaba alcanzarlos para Cristo, pero los indígenas trabajaban todo el día y al terminar el día estaban demasiado cansados para escuchar la predicación del Evangelio por la noche. Él intentó muchas cosas para que los indígenas oyeran el Evangelio, pero no tuvo éxito con nada.

Después de haber intentado varias opciones, todo había fracasado, él pensó en lo que dice Romanos 12:1: "Así que, hermanos, os ruego por las misericordias de Dios, que presentéis vuestros cuerpos en sacrificio vivo, santo, agradable a Dios, que es vuestro culto racional".

Entonces aquél misionero decidió intentar algo más. Él se vendió como un esclavo a uno de los dueños de una empresa que se dedicaba a la siembra. Entonces fue mandado como esclavo junto con los hombres de color a trabajar en los campos. Durante los tiempos libres tuvo la oportunidad de hablar de Cristo con los nativos. Se dice que aunque ese misionero "perdió su vida" por causa del Evangelio, lo encontró en los corazones de muchos que confiaron en Cristo como su Salvador por causa de su testimonio.

Este hombre misionero buscó la manera para hacer llegar el Evangelio a dónde él quería llevarlo. ¿Usted está dispuesto a aplicar algunas de estas verdades que aprendió hoy para alcanzar a más almas perdidas para Cristo? ¡Alcancemos a otros para Cristo!

Capítulo 7

Sea un Ganador de Almas Preparado (Parte 3)

La Biblia dice en Mateo 10:16: "He aquí, yo os envío como a ovejas en medio de lobos; sed, pues, prudentes como serpientes, y sencillos como palomas".

El Señor Jesucristo preparó a sus discípulos para salir y alcanzar a otros con el Evangelio. Jesús les mencionó que necesitaban estar preparados para llevar a cabo dicho mandato; les dijo que tenían que ser prudentes como serpientes y sencillos como palomas. En otras palabras, ellos necesitaban estar preparados para alcanzar a otros para Cristo, y usted y yo también lo necesitamos. La Biblia dice en 1 Pedro 3:15: "Sino santificad a Dios el Señor en vuestros corazones, y estad siempre preparados para presentar defensa con mansedumbre y reverencia ante todo el que os demande razón de la esperanza que hay en vosotros". En otras palabras, necesitamos estar preparados para dar el Evangelio. Quiero darle algunas ideas o pensamientos que pueden ayudarles al ganar almas.

Quizás en muchas ocasiones usted ha hablado con alguien sobre Cristo, y la persona le ha dado excusas y no deja de hablar, y ¿qué hace usted? Tal vez usted puede decir: "Permítame orar con usted". Me ha tocado hablar con personas que solo hablan y hablan y hablan por un largo tiempo. Luego les he dicho: "Ha sido maravilloso hablar con usted, pero, antes de que me vaya, me gustaría orar". ¿Sabe lo que yo hago al orar? Presento el evangelio en la oración. Digo: "Señor, gracias por esta persona que está aquí. Bendícela y ayúdale a saber con certeza que va a ir al cielo. Ayúdale a confiar en Jesucristo. Gracias, Dios, porque nos enseñaste en Tu Palabra como podemos saber con certeza que podemos ir al cielo, porque Tú dijiste: "Por cuanto todos pecaron, y están destituidos de la gloria de Dios". (Romanos 3:23) Nos damos cuenta de que hemos hecho lo malo. El pecado es desobedecerte, y Señor, Tú dices: "Porque la paga del pecado es muerte"", y sigo orando el Evangelio. Yo digo: "Señor, gracias porque Jesucristo murió en la cruz para perdonarnos. Nos dices en la Biblia: 'Mas Dios muestra su amor para con nosotros, en que siendo aún pecadores, Cristo murió por nosotros'". (Romanos 5:8) "Dios, gracias por lo que dijiste: 'Porque todo aquel que invocare el nombre del Señor, será salvo'". (Romanos 10:13)

Comparte el Evangelio Orando.

A veces necesitará dar el Evangelio a través de la oración. El Evangelio hace libre a la persona; por esa razón tenemos que dar el Evangelio a otros. En ocasiones he tenido que orar el Evangelio y digo: "Jesús quiere entrar en su corazón, perdonarle sus pecados, salvarle del infierno, y llevarle al cielo. Todo lo que tiene que hacer es pedírselo". Entonces le doy la invitación diciendo: "¿Por qué no le pide a Jesús que venga a su corazón y le lleve al cielo?" Si la persona acepta, entonces yo ayudo a la persona a orar y pedirle a Cristo que le salve.

Una persona que escuche así el Evangelio puede ser salva. ¿Por qué? Porque le di el Evangelio. El evangelio es verdad, y la verdad puede salvar a las personas. Nunca subestime lo que Dios puede hacer. Usted puede dar el Evangelio a una persona y si la persona le da pretextos. Necesita mantenerse enfocado y decirle: "Esa es una gran pregunta. Permítame terminar con compartirle esto, y luego podemos hablar acerca de sus preguntas". Si la persona sigue interrumpiendo, diga: "Por favor, permítame orar antes de que me vaya". Si la persona acepta que usted ore, entonces usted puede darle el Evangelio porque el escuchar y creer el Evangelio le dará la salvación a la persona.

Un punto que debemos tomar en cuenta es que antes de que usted ore con la persona, usted necesita invitar a la persona a aceptar a Cristo como su Salvador. Algo que puede ayudarle para introducirle a la invitación, es decirle: "Usted quiere aceptar a Jesucristo como su Salvador e ir al cielo, ¿verdad?" o "Si Jesús estuviera aquí y le dijera: "Quiero entrar en tu corazón, vivir contigo, perdonar tus pecados, y salvarte del infierno", ¿estaría dispuesto a recibirle? Jesús está dispuesto a recibirle tal como usted es. ¿Estará usted dispuesto a recibirle a Jesús en su corazón?"

Usted necesita formular algunas preguntas para invitarlos a aceptar a Cristo y para guiarlos en oración. Muchas veces lo que hago es decir: "En éste momento Jesús está diciendo: 'Quiero entrar en tu corazón, perdonar todos tus pecados, salvarte del infierno, y llevarte al cielo. Todo lo que tienes que hacer es aceptarme.' ¿Quiere pedirle a Jesús que venga a su corazón, le salve del infierno, y le lleve al cielo un día? ¿Usted desea pedirle a Jesús que le lleve al cielo un día?"

Normalmente la persona le dirá: "Sí, sí quiero". Entonces usted continúa diciendo: "Quiero guiarle en una oración ahora mismo", o "Permítame decirle esto: su salvación es tan importante para Dios y antes de que me vaya me gustaría orar con usted". Algunas veces no estará cómodo o en otras palabras no estará seguro acerca de orar en público. Usted puede decirle: "Usted no se avergüenza de Jesús, ¿verdad? Él dio Su vida por usted. Él murió por usted. No se avergüenza de Cristo, ¿verdad? Ahora podemos hablar con Jesús en éste momento". Entonces oro para que la persona confíe en Cristo, y le digo a la persona: "Con nuestros rostros inclinados y nuestros ojos cerrados, Jesús quiere venir a su corazón y llevarle al cielo. Quiero que usted tome la mejor decisión de su vida y que diga: 'Jesús, ven a mi corazón'. Quiero guiarle en una oración. No es la oración lo que salva al pecador; quien salva es Jesucristo. Diga esta oración a Jesús: 'Señor Jesucristo, ven a mi corazón, perdona mis pecados, sálvame del infierno, y llévame al cielo.

Estoy confiando sólo en ti para ir al cielo. Gracias, Jesús por venir a mi corazón, Amén". Usted necesita invitar a la persona para recibir a Cristo como su Salvador.

Haga una pregunta para invitar a la persona a aceptar a Cristo como su Salvador.

Ore con la persona, aunque ella no lo haga en voz alta.

Yo he hablado con muchas personas cuando he compartido el Evangelio y también ha sido en lugares públicos. En ocasiones algunas personas tienen miedo de orar en voz alta en un lugar público. Entonces, algunas veces les digo: "Repita esta oración", y solamente hay silencio. Nadie ora. Entonces vuelvo a invitar a la persona a orar y le digo: "Repita esta oración. No tiene que hacerlo en voz alta. Esto es sólo entre usted y Jesús. Jesús le está escuchando ahora. Repita esta oración en voz baja o en silencio a Jesucristo. Dígale a Jesús ésta oración en silencio ahora mismo".

Después usted puede hacer las siguientes preguntas: "¿Le pidió a Cristo que viniera a su corazón y que le salvara?" La persona normalmente responde: "Sí, lo hice". Usted debe de tener en cuenta que él no tiene que hacerlo en voz alta. Después usted le da la seguridad de su salvación usted puede decirle: "La Biblia dice que necesitamos confesar con nuestra boca al Señor Jesús". Después pregúntele: "¿Le pidió a Jesús que entrara a su corazón y le salvara?" y si la persona dice: "Sí", La persona está confesando que ha confiado en Cristo para Salvación, eso es confesar. Usted no conoce el corazón de la persona, de a la persona la oportunidad de hacer esta oración en silencio.

Viajé un verano con el Dr. Joe Boyd, un gran evangelista. Él aconsejaba que diéramos oportunidades a las personas de aceptar a Cristo en diversas maneras. Él decía: "Si estás en un lugar muy lleno de gente y estás hablando con alguien y es difícil orar, usted puede decir: 'Ahora, Jesús está aquí y quiere entrar en su corazón, salvarle del infierno, y llevarle al cielo. Si usted quiere decirle: 'Jesús, ven a mi corazón, sálvame del infierno, y llévame al cielo un día', usted puede estrechar su mano y saludarme, para saber que usted pedirá a Cristo que le salve y repita: 'Jesús ven a mi corazón'". En muchas ocasiones la persona le saludará de mano.

Algunas veces cuando he hablado con alguien sobre el Evangelio y la persona se intimida, yo le digo: "Diga en su corazón: 'Jesús ven a mi corazón, sálvame del infierno, y llévame al cielo'. ¿Le está pidiendo a Jesús que venga a su corazón?" Si la persona dice: "Sí", entonces yo digo: "¿Dónde está Jesús?" Las personas han respondido: "En mi corazón". Continúo diciendo: "Si usted muriera hoy, ¿a dónde iría?" La persona ha respondido: "Al cielo".

Las personas pueden ser salvas también así. Es importante darle a la persona la oportunidad de recibir a Cristo. Debe de darse cuenta que no es la oración la que salva; es la fe puesta en Jesús lo que salva a la persona.

El Pastor Jack Hyles una vez estaba hablando sobre predicar el Evangelio; él mencionó que cuando daba la invitación para que las personas aceptaran a Cristo, él confiaba que muchas personas fueron salvas en el momento en que ellas ponían el primer pie en el pasillo para pasar al altar para aceptar a Cristo. Al llegar al altar esas personas alguien se acercaba a ellos y los guiaba en la oración de salvación; tal vez le mostraban algunos versículos sobre el Evangelio, pero el Pastor Hyles confiaba que muchos de ellos ya decían: "Quiero confiar en Cristo como mi Salvador," tan pronto que se ponían de pie.

El Evangelista Billy Sunday también decía: "Si usted ha recibido a Cristo, venga y deme su mano". Esa era una señal de que la persona había confiado en Cristo como su Salvador. Lo mejor de todo es cuando ellos confían en Jesús. La Biblia dice: "Cree en el Señor Jesucristo, y serás salvo". (Hechos 16:31) Jesús dijo: "De cierto, de cierto os digo: El que cree en mí, tiene vida eterna". (Juan 6:47)

La persona necesita confiar en Cristo. Dele a la persona la oportunidad de diversas maneras para confiar en Cristo. Esto puede serle de ayuda, si usted aprende a hacerlo.

Algunos les piden a las personas que oren en voz alta, y en ocasiones a las personas les da pena hacerlo de esa manera. De la oportunidad a la persona de orar en silencio si ella no quiere hacerlo en voz alta. Usted puede hacerlo en voz alta, pero si la persona se siente intimidada, dele la oportunidad a la persona de orar en silencio. Si se encuentra en alguna situación donde tiene que hacerla con rapidez, usted puede decirle: "Si en este momento usted está recibiendo a Cristo ¿puede hacerme saber apretando mi mano?" o puede preguntarle: "¿Le está usted pidiendo a Cristo que venga a su corazón y que le lleve al cielo un día?" y la persona responde: "Si". "Entonces, ¿a dónde va a ir cuando muera?" "Al cielo". Esto le puede ayudar al salir a ganar almas y estar mejor preparado. En lo personal a mí me ha ayudado.

De varias oportunidades a la persona de recibir a Cristo mientras usted le comparte el Evangelio.

Yo he dado varias oportunidades a la personas de recibir a Cristo cuando les testifico. Por ejemplo, le digo: "¿Usted desea aceptar a Cristo en su corazón para que le lleve al cielo el día que usted muera?" algunas veces aún antes de orar con la persona, y la persona me responde que sí. Yo creo que a veces las personas aceptan a Cristo en ese momento, entonces los dirijo en una oración. Por cierto, de ésta manera es dar otra oportunidad a la persona para recibir a Cristo como su Salvador.

Considero que debemos dar varias invitaciones para recibir a Cristo como su Salvador. Yo trato de hacer esto porque nunca sé en qué momento la persona está poniendo su fe y confianza en Cristo. Así que, hago lo siguiente:

Le digo: "La Biblia dice: 'Porque todo aquel que invocare el nombre del Señor, será salvo'. (Romanos 10:13) Ahora voy a guiarle en una oración, usted diga: 'Jesús, ven a mi corazón para salvarme,' etc."

Después de la oración le digo: "¿Usted desea pedirle a Jesús que venga a su corazón y que le salve?" Esa es otra oportunidad que usted puede darle a la persona para que reciba a Cristo como su Salvador. Para entonces la persona ya ha tenido dos o tres oportunidades para recibir a Cristo como su Salvador, porque nunca podremos saber cuándo la persona va a recibir a Cristo. Yo confío que él desea recibir y lo puede hacer en el transcurso de la presentación del Evangelio.

Creo por fe que la persona ha confiado y ha recibido a Cristo como su Salvador. No trato de hacer el papel del Espíritu Santo o el papel de Dios; pero sí doy varias oportunidades para que la persona acepte a Cristo como su Salvador, porque tal vez, como decía el Pastor Hyles, la persona recibe a Cristo cuando decide pararse y caminar por el pasillo de la iglesia cuando usted hace la invitación, o tal vez lo hizo cuando estaba en el altar, o tal vez mientras alguien le hablaba sobre la seguridad de salvación o puede ser en el transcurso de la presentación del Evangelio.

Creo que a veces cuando está hablando sobre la seguridad de salvación con la persona, la luz del Evangelio alumbra su condición y la persona entiende el Evangelio. Nunca sabemos cuándo puede ser ese momento.

De la seguridad de Salvación.

Necesitamos enseñarle a la persona sobre la seguridad de su salvación. Tal vez puede hacerlo usando Romanos 10:13: "Porque todo aquel que invocare el nombre del Señor, será salvo". Usted puede hacerle algunas preguntas como: "¿Le pidió a Jesús que entrara a su corazón y que le salvara del infierno? De acuerdo a lo que usted le ha pedido a Jesús, la Biblia dice que usted será salvo. Eso significa que usted va a ir al cielo un día".

Necesitamos enseñarles a las personas de ésta manera. Muchas veces cuando estoy hablando con las personas sobre la seguridad de su salvación, incluso antes de orar, yo les pregunto: "¿Cuántas veces nació Jesús en la tierra?" Y ellos normalmente contestan: "Una vez". Después les pregunto: "¿Cuántas veces murió en la cruz?" Y ellos dicen: "Una vez". "¿Cuántas veces resucitó de los muertos?" y contestan: "Una vez". "Entonces, ¿cuántas veces necesitamos pedirle a Jesús que nos salve del infierno para llevarnos al cielo?" Y ellos dicen: "Una vez".

De ésta manera usted está dando la seguridad de salvación a la persona y a veces la persona puede entenderlo en ese momento; tal vez sea el momento en que confíe ésa persona en Cristo. No lo sabemos, pero lo que yo hago es tratar ayudar a la persona para que reciba a Cristo.

Hable usted con la persona sobre la seguridad de su salvación. Esto puede ayudarle a la persona porque todos tenemos un enemigo: el diablo.

El diablo va a atacar a la persona que recién ha aceptado a Cristo como su Salvador; así que, necesitamos hablar con la persona sobre la seguridad de su salvación. La persona ha confiado en Cristo, pero aún no entiende todo. Es como cuando nace un bebé; el bebé no entiende todo. La persona no va a entender todo; así que, debe enseñarle sobre la seguridad de su salvación. Muchos versículos hablan sobre dar la seguridad de Salvación: "Estas cosas os he escrito a vosotros que creéis en el nombre del Hijo de Dios, para que sepáis que tenéis vida eterna, y para que creáis en el nombre del Hijo de Dios". (1 Juan 5:13)

Necesitamos explicar la seguridad de salvación a las personas, enseñándoles lo que dice la Escritura. Usted puede decirle lo siguiente: "¿Ha confiado en Cristo? La Biblia dice que quienes deciden confiar en Él, tienen vida eterna". Asegurar la salvación de la persona le ayudará cuando gane almas. He tomado tiempo para estudiar a grandes ganadores de almas y aprender de ellos. Me he dado cuenta que ellos pasan tiempo explicando a las personas sobre la seguridad de salvación después de que ellos han aceptado a Cristo. Si usted hiciera esto, usted ayudaría a que las personas confirmen su decisión sobre Jesucristo. Esto puede hacer una diferencia cuando usted está ganando almas.

Ayude a la persona a recibir a Cristo como su Salvador.

Acerca de ayudar a las personas a recibir a Cristo como su Salvador, quiero comentarle lo siguiente: Un pastor dijo en una ocasión: "Cuando sea momento de orar, ore para que Dios pueda hablar al corazón de la persona". Claro, antes debe ayudarle a la persona a darse cuenta de que es pecador y que merece ir al infierno y que Jesús murió por él. Ayúdelo a recibir a Cristo como su Salvador.

Quizás usted puede decirle: "De acuerdo a la Biblia, si usted le pide a Cristo que le salve del infierno y que le lleve al cielo, ¿cree que Cristo lo haría?" Si la persona responde: "Yo creo que sí", usted puede continuar diciendo: "Su salvación es muy importante; permítame orar por usted". No le diga a la persona que usted va a hacer que él o ella ore. Usted puede decirle: "Su salvación es tan importante que quiero orar con usted, yo voy a orar. Oremos". Entonces usted ore para Dios hable al corazón de la persona y que le ayude a confiar en Cristo. Usted puede hacer una oración sencilla.

Usted puede decir algo así: "Ahora, con cabezas inclinadas y ojos cerrados, recuerde que Jesús quiere entrar en su corazón, perdonar sus pecados, salvarle del infierno, y llevarle al cielo. Repita esta oración conmigo y pídale a Jesús que venga a su corazón y que le lleve al cielo un día". (Entonces guíelo en la oración para salvación). Ayudar a las personas a recibir a Cristo le puede ayudar en algunas situaciones al ganar almas.

Necesita ir creyendo.

Cuando decidamos ir, necesitamos ir creyendo. Esto puede cambiar nuestra manera de ganar almas. La Biblia dice: "El Señor no retarda su promesa, según algunos la tienen por tardanza, sino que es paciente para con nosotros, no queriendo que ninguno perezca, sino que todos procedan al arrepentimiento". (2 Pedro 3:9) Dios quiere salvar a las personas. Dios quiere cambiar las vidas de las personas. Cuando vayamos a ganar almas debemos ir creyendo que Dios los salvará. Si usted hace esto, cambiará su manera de ganar almas y puede ayudarle a tener un gran impacto para Jesucristo.

Una vez alguien fue con el gran predicador Charles Spurgeon y le dijo: "Sr. Spurgeon, no me gusta la manera en que hago la invitación. Me parece que no está dando mucho resultado". Spurgeon le preguntó: "¿Usted espera que las personas respondan y sean salvas por su mensaje?" El hombre respondió: "No sé; creo que no". Spurgeon le dijo: "Ese es el problema; usted no está creyendo ni confiando en que Dios salvará a alguien. ¿Cómo puede trabajar Dios así?"

Cuando decidimos ir necesitamos creer que Dios quiere salvar a las personas. Usted vaya creyendo. Usted confíe en que esas personas confiarán en Cristo como su Salvador, y si no es así, debería de sorprenderle.

Debemos ir creyendo. Algunas personas no aceptan a Cristo. Jesús fue el predicador más grande de la historia, y no todos recibieron su mensaje. Pero debemos ir creyendo que las personas responderán por Cristo, que ellos serán salvos. Muchos ganadores de almas pueden decir: "Nadie quiere ser salvo". Ese es el problema. Usted va con una muy mala actitud negativa. No está confiando en Dios.

La Biblia dice: "Pero sin fe es imposible agradar a Dios; porque es necesario que el que se acerca a Dios crea que le hay, y que es galardonador de los que le buscan". (Hebreos 11:6) ¿Cree que Dios quiere salvar a las personas y cambiar vidas? Dios dijo que no quiere que ninguno perezca. Jesús dijo que Él vino a buscar y a salvar lo que se había perdido. Tenemos que hacer todo lo que podamos hacer para dar el Evangelio de Cristo.

Muchos misioneros han compartido historias de cuando fueron al campo misionero, y las personas han testificado diciendo: "Hemos estado orando por años para saber la verdad. Ahora usted vino para que conozcamos acerca de Jesucristo". Esa historia se ha repetido en muchos lugares. Esas personas han testificado:

"Queríamos saber la verdad, y usted vino y nos ha mostrado la verdad".

Debe tener en cuenta que hay hombres, mujeres, niños, y niñas que están allá afuera y que quieren saber la verdad, y quieren saber cómo llegar al cielo. Nosotros necesitamos ir creyendo. Tenemos que mostrarles y hablarles acerca de Jesús para que puedan ser libres y vayan al cielo.

La única manera de fracasar en ganar almas es no ir a testificar. En otras palabras, la única manera en la que usted va a fallar es si usted no les comparte la verdad. Cuando les hablamos a las personas acerca de Jesús, eso es lo que les puede ayudar. Hablemos con las personas de Jesús.

El Capitán Hadley Vicars fue un héroe cristiano de la guerra Crimea. La historia sobre él es conocida por muchos a través de los años. Una mañana después de haberse convertido al cristianismo, trajo una enorme Biblia y la abrió sobre la mesa de su recamara, determinado a que una Biblia abierta en un futuro debería de ser su "Bandera". Él dijo: "Ella tiene que hablar por mí hasta de que yo sea lo suficientemente fuerte para hablar yo mismo".

Los compañeros del Capitán Vicars se rieron de él, diciéndole que se convertiría en un hipócrita. A pesar de todo, el Capitán se mantuvo cerca de su "Bandera" o sus creencias. El capitán se convirtió en una fuerza espiritual entre los hombres del ejército, por mantenerse firme, fuerte, y ser un testigo dedicado a Cristo.

Yo quiero animarle a usted a que ¡sea valiente para hablar de Cristo! Representemos al Señor, hablándoles a otros de Jesús.

El hombre más rico del mundo, Croesus, una vez le preguntó al hombre más sabio del mundo, Thales: "¿Qué es Dios?" El filósofo pidió un día para pensar sobre la pregunta, y otro día más, y otro día más. Después de un tiempo confesó que no podía responder. De hecho entre más pensaba, más difícil era para él tener una respuesta.

Tertullian, un líder en la iglesia, aprovechó dicho incidente y dijo que era un ejemplo de la ignorancia de Dios fuera de Cristo. Exclamó: "¡Mire! ¡Él es el hombre más sabio en el mundo, y no puede decir quien es Dios! La persona más ignorante entre los cristianos sabe quién es Dios y puede presentárselo a otros". ¡Tenemos que presentar a Cristo al mundo!

Cuando el Dr. Wilfred Grenfell era un estudiante de medicina en Londres, aceptó la invitación de D.L. Moody para recibir a Cristo como su Salvador. Después de terminar sus estudios, empezó a trabajar en la Costa de Labrador donde fue famoso por su trabajo. Catorce años después de que aceptó a Cristo, llamó al Sr. Moody en Boston; mientras hablaban el Dr. Grenfell dijo: "Quiero darle las gracias por guiarme a Cristo".

El Sr. Moody respondió: "Eso fue hace 14 años. ¿Qué has estado haciendo todo ese tiempo?"

El Dr. Grenfell exclamó: "¡Haciendo! He estado viviendo y trabajando para que otros conozcan a Cristo".

El Sr. Moody le preguntó: "¿Lo lamentas?"

El Dr. Grenfell respondió rápidamente: "No, el único pesar que tengo es por la persona que fue salva, y después ser avergonzado cuando alguien le pregunte: '¿Qué has hecho desde que recibiste a Cristo?'"

Cada uno de nosotros debemos estar sirviendo a nuestro Salvador. Debemos ser sumisos a la voluntad del Señor en todo lo que hacemos. Debemos pararnos firmes por Dios, sufrir por Él, y testificar acerca de la salvación que solo es por Su nombre. ¡Tenemos que alcanzar a otras personas para Cristo!

Capítulo 8

Algunas Ayudas para Ganar Almas

En Mateo 10:16, Jesús estaba hablando y dijo: "He aquí, yo os envío como a ovejas en medio de lobos; sed, pues, prudentes como serpientes, y sencillos como palomas".

1. Cuando esté ganando almas, debe ser amable y sonreír.
2. Pregunte si la persona asiste a alguna iglesia para poder entender sus creencias.
   - Usted puede preguntarle: "Si usted muriera hoy, y estuviera en la presencia de Dios y Él le preguntara: '¿Por qué debo dejarte entrar al cielo?' ¿Usted que contestaría?" Esta es una manera en la que usted puede averiguar en qué está confiando la persona para ir al cielo.
3. Mantenga su enfoque en presentar a Cristo.
   - No discuta con la persona. Piense en algo bueno o positivo para decir.
4. No pida permiso para compartir el Evangelio, porque Jesús nos manda a predicar el Evangelio a toda criatura.
5. Sea observador. ¿Dónde están las personas?
   - Cuando usted esté caminando, debe estar alerta. Debe ubicar los grupos de niños o personas y alcanzarlos para Cristo.
6. Haga preguntas que le ayudará a la persona a entender.
   - Por ejemplo: "¿Sabe lo que es el pecado?" etc., etc., etc.
7. Aprenda como dar el Evangelio, dando su propio testimonio.
   - Por ejemplo: "Un día, alguien compartió conmigo..." etc., etc., etc.
   - En Hechos, Pablo estaba dando su testimonio.
8. Sea un compañero eficiente.
   - Al ganar almas una persona solamente debe hablar, y quien le acompaña debe ser un compañero silencioso.
   - Un compañero silencioso debe orar en silencio.
   - Un compañero silencioso debe quitar distracciones.
   - Un compañero silencioso debe ser de ayuda.
9. Use la Biblia.
   - No use la pregunta: "¿Usted cree en la Biblia, verdad?"
   - Solamente use la Biblia, porque la Biblia es poderosa.

10. Algunas ideas para aplicar con una persona escéptica:

- Si alguien le dice escéptica a usted: "Yo no creo en la Biblia", dígale: "Señor, permítame hacerle una pregunta. ¿Usted cómo interpreta el mensaje principal de la Biblia? Por ejemplo, ¿qué es lo que enseña sobre como uno puede ir al cielo un día? ¿Qué es lo que usted entiende sobre ese tema?" Él dice: "Pues yo no creo en la Biblia. No creo en eso". Usted puede continuar diciendo: "Señor, está en su derecho de no creer y yo respeto eso. Pero permítame preguntarle: ¿que conoce usted de lo que la Biblia dice sobre ir al cielo?" La persona podría responder: "Uno debe ser bueno, ir a la iglesia, y tiene que hacer algunas cosas para ir al cielo". Luego usted puede ayudarle a entender: "Sabe, eso es lo que temía. La Biblia no enseña lo que usted me acaba de decir. Es más, lo que usted me dijo sobre ir a la iglesia y todo lo demás – es completamente opuesto a lo que la Biblia enseña sobre cómo ir al cielo. Ahora, ¿no considera usted que sería más inteligente entender primero lo que la Biblia dice sobre ir al Cielo para que usted pueda tomar una decisión inteligente basada en lo que la Biblia dice?"

- Tal vez la persona pueda decir: "Sí, eso tiene sentido". Usted puede continuar diciendo: "Alguien compartió conmigo la Biblia, y esto es lo que compartió…" Entonces usted puede explicarle sobre el plan de salvación.

- Por ejemplo, si alguien dice: "Yo no creo en el infierno. Yo no creo en el Cielo o el Infierno, no creo en Jesucristo o la Biblia, etc." Usted puede decir: "Permítame hacerle una pregunta: de todo el conocimiento que hay en el mundo, ¿qué porcentaje cree que usted tiene?" Y luego puede decir: "¿Del todo el conocimiento que usted no tiene, cree que sea posible que haya un Dios?"

- Puede emplear la siguiente lógica: Jesús es el Señor, Jesús es un mentiroso, o es un lunático. Jesús tiene que ser uno de esos tres.

- Tal vez si la persona no cree, usted puede decirle: "Permítame dejarle un reto: Lee la Biblia por treinta días y ore todos los días. Le quiero animar a que empiece con el evangelio de Juan. El evangelio de Juan se encuentra en el Nuevo Testamento. Empiece a leer el libro de Juan y ore todos los días y diga: 'Dios, si eres verdadero y Jesús en verdad existió y murió por mí, quiero conocerte'. Yo creo que si usted personalmente quiere conocer la verdad, entonces usted entenderá que lo que le estoy diciendo es verdad".

11. Manténgase enfocado.

- Esto es una respuesta que usted puede decir, cada vez que la persona le hace alguna pregunta: "Es una buena pregunta. Permítame terminar compartiendo esto con usted, y luego podemos platicar de eso. Está bien, ¿verdad?" Mueva su cabeza indicando un "Sí".

12. Necesita mantenerlo sencillo. La Biblia dice que el Evangelio es tan sencillo que un niño lo puede comprender.

13. No trate de ser el Espíritu Santo. Usted no puede ver el corazón de nadie. Comparta el Evangelio claro y sencillo, y luego dé la invitación para recibir a Cristo como su Salvador personal.

14. Siempre intente dar la invitación para aceptar a Cristo.

15. Si una persona le da excusas, no se detenga. Siga dando el Evangelio y de a la persona la oportunidad de recibir a Cristo.

16. Debe compartir el evangelio a través de la oración a veces. Por ejemplo, si alguien está hablando y hablando, usted puede decirle a la persona: "Quiero orar con usted". Ore el Evangelio, dando el plan de salvación en su oración.

17. Necesita emplear una pregunta que invite a la persona aceptar a Cristo como su Salvador. Por ejemplo: "¿Quiere usted recibir a Cristo?" o algo así.

18. Qué hacer con personas tímidas o que se encuentren en lugares públicos:
   • Usted puede decir hacer la oración en voz alta, pero si la persona es tímida, dele la oportunidad de orar en silencio. Usted puede proponerle: "Repita esta oración en voz baja o en silencio a Jesucristo".
   • Si se encuentra en alguna situación donde tiene que hacerlo de manera rápida, usted puede decir: "Si en este momento usted está recibiendo a Cristo ¿puede mostrármelo con un apretón de mano?" o simplemente puede decir: "Sí".
   • Dese cuenta, no es la oración lo que salva a la persona; es Jesús quien le salva.

19. Puede dar la oportunidad de recibir a Cristo muchas veces cuando está testificando.
   • Usted puede emplear la siguiente pregunta: "¿Usted está recibiendo a Jesucristo en su corazón?"
   • Dele la oportunidad a recibir a Cristo durante la oración del pecador.
   • Tal vez reciba a Cristo cuando usted le está explicando la seguridad de salvación.

20. Debe darle a la persona la seguridad de su salvación.
   • Use Romanos 10:13 y otros versículos.
   • Usted puede preguntar: "¿Cuántas veces nació, murió, y resucitó Jesucristo? Entonces, ¿cuántas veces tenemos que recibirlo como nuestro Salvador?"
   • Los grandes predicadores siempre han pasado tiempo dando la seguridad

de salvación a los nuevos creyentes.

21. Usted debe guiarle a la persona en la oración del pecador.
   - Usted puede decirle: "Su salvación es tan importante que quiero orar con usted, y yo voy a orar."
   - La oración puede ser por ejemplo: orar por su salvación, guiarle en la oración del pecador, y agradecer a Dios que la persona fue salva.
22. Debemos ir creyendo. Debemos creer que Dios quiere salvar a las personas.
   - "Pero sin fe es imposible agradar a Dios". (Hebreos 11:6a)
   - Hay personas que quieren saber la verdad acerca de Cristo.

En Octubre de 1871, D. L. Moody predicaba una serie de sermones acerca de Cristo como Salvador. Una noche su mensaje fue: "¿Qué, pues, haré de Jesús, llamado el Cristo?" Las campanas estaban sonando, alertaban sobre la presencia de fuego en la ciudad; que las campanas sonaran alertando sobre fuego no era algo raro en Chicago. Moody terminó su mensaje diciendo: "Ahora, quiero que tomes la pregunta contigo y la pienses; el próximo domingo regresa y dime lo que quieres hacer con eso". La alarma, sin embargo, esa ocasión no fue una alarma normal. El gran fuego ardió sobre Chicago. El Sr. Moody dijo: "La pérdida material no fue nada, pero cometí un gran error. Nunca vi a algunas de esas personas otra vez. Desde entonces nunca me he atrevido a darle a una audiencia una semana para considerar la salvación".

Tenemos que invitar a las personas a confiar en Cristo como su Salvador inmediatamente porque no tienen garantía de vivir otro día.

Capítulo 9

¿Quiere Ser un Evangelista?

1. ¿Usted tiene un gran deseo o tiene una carga en su corazón para predicar el Evangelio?

   - Tome en cuenta que su llamado puede no ser un llamado especial, en una conferencia o en alguna iglesia. Posiblemente podría ser solo una carga en su corazón para predicar el Evangelio a los perdidos. Es algo que usted tiene en su corazón. En mi caso yo no recuerdo un momento específico en el que Dios me llamó para predicar, ni tampoco el Evangelista Juan Rice recordaba; sin embargo seguimos lo que Dios puso en nuestros corazones, Dios puso en nuestros corazones predicar el Evangelio a otros.

   - Vea Romanos 12:1-2, Isaías 6:8, y Marcos 16:15 para entender sobre predicar el Evangelio.

   - El Evangelista Juan Rice dijo: "He descubierto a través de los años que, para alguien que ora y desea agradar al Señor, una de las mejores formas de conocer la voluntad de Dios es encontrar a dónde conduce el propio corazón mientras está caminando en el Espíritu y esperando en Dios cada día".

2. ¿Hay alguna evidencia circunstancial de que Dios le esté llamando a realizar la obra de evangelista?

   - Dios a veces utiliza a otros (iglesia, pastor, amigos, etc.) para hacerle saber a usted que Dios le está llamando a hacer la obra de evangelista.

   - Muchos evangelistas han servido como aprendices bajo otro evangelista para aprender los métodos y la manera en que conduce el ministerio de un evangelista.

3. ¿Usted está calificado para el ministerio, así como otros siervos de Dios? Vea 1 Timoteo 3:1-13, Lucas 14:33, y Lucas 9:23.

   - ¿Está contento de ser pobre, prescindir, o sufrir por la causa de Cristo?
   - ¿Está dispuesto a sufrir reproches, si es necesario, por la causa de Cristo? (2 Corintios 6:4-10)
   - ¿Está dispuesto a que sus seres queridos y amigos piensen que usted es un fanático o loco y que no cuida bien de su familia? (Mateo 10:37-39)
   - Usted necesita tener el poder del Espíritu Santo.
   - ¿Está dispuesto a estar solo? Debe tomar en cuenta de que habrá momentos de soledad, pero usted puede acercarse a Dios para fortalecerse en esos momentos.

4. Ore para que usted sea conformado a la mente de Cristo, para que Dios ponga en su corazón y mente lo que Él quiere que usted haga y / o a dónde quiere que usted vaya.

   - Ore, ayune y pídale a la iglesia que lo haga también para usted. Pida por la dirección y la voluntad del Señor en su vida.
   - Un gran predicador, el Dr. Jack Hyles, dijo: "Establezca una fecha para tomar una decisión futura. Ore y ayune para que el Señor ponga en el corazón y en la mente de usted lo que Él quiere que haga o adonde quiere Él quiera que usted vaya. ¡Entonces confíe en lo que Dios ha puesto en su corazón, y hágalo!"
   - Recuerde, nunca deshaga en duda lo que ha hecho en fe. Confíe en el Señor y siempre continúe predicando el Evangelio. ¡Dios está con usted!

5. ¡Gane almas ahora! Gane almas personalmente. También predique en cárceles, hospitales, en las calles, iglesias, campañas de evangelización, y en cualquier lugar.

- Cada cristiano necesita hacer la obra de Evangelista y predicar el Evangelio a otros.

- Use todos los métodos legítimos para que otros escuchen el Evangelio.

- Un evangelista debe hacer que los cristianos tengan una carga para las almas.

- Dios moverá lo necesario y pondrá en su corazón la carga para ganar almas, si usted trabaja ganando almas. ¡Entonces ocúpese en ganar almas! Camine con Dios y trabaje duro.

- Los evangelistas han sido dados a la iglesia para hacer de los cristianos ganadores de almas.

Capítulo 10

El Plan de Dios para Avivamiento Masivo

El Evangelista Juan Rice dijo: "¿Qué tienen que hacer los hombres para experimentar el avivamiento que Dios les quiere dar?"

1. Recuerde que el avivamiento evangelístico siempre está en espera de la gente de Dios.
   - Jesús dijo: "La mies es mucha, mas los obreros pocos".
   - Mateo 9:37-38, Lucas 10:2, Juan 4:34-36, 2 Crónicas 7:14
2. Para tener un gran avivamiento, tenemos que tener evangelistas.
   - Dios tenía un Elías para el Monte Carmelo, Jonás para Nínive, el Señor Jesucristo para Sicar en Samaria, Pedro para el día de Pentecostés, Juan y Carlos Wesley y Jorge Whitefield para los avivamientos de Wesley, Carlos Finney para los avivamientos de Finney, D.L. Moody para los avivamientos de Moody, y Billy Sunday para los avivamientos de Sunday, etc.
   - Debemos orar para que Dios levante más evangelistas para predicar el evangelio y hacer de los cristianos ganadores de almas.
3. Para tener grandes avivamientos, el pueblo de Dios debe ser unánime en el propósito principal, que es ganar almas.
   - Hechos 1:14, Mateo 18:19-20, Hechos 2:1, Hechos 2:46, Hechos 4:24
   - Los grandes evangelistas como Moody y Sunday insistían en que cuando eran invitados a una ciudad para llevar a cabo un avivamiento evangelístico, los pastores debían ser unánimes en la invitación, y normalmente lo fueron.
   - Los grandes avivamientos se llevaron a cabo en grandes lugares que eran neutrales para atraer y acomodar a las grandes multitudes.
4. Para grandes avivamientos, tenemos que tener predicación evangelística.
   - Significa tener predicación con audacia, urgencia, poder, contra el pecado, acerca de arrepentimiento, el perdón, salvación del infierno, de Jesucristo y a éste crucificado, que hace de los cristianos ganadores de almas, y que llama a la gente a confesar a Cristo públicamente.
5. Los avivamientos esperan a que los cristianos tengan el poder del Espíritu Santo para ganar almas. (Hechos 1:8)
   - Tenemos que tener el poder del Espíritu Santo para predicar el evangelio

y alcanzar a los perdidos.

6. Grandes avivamientos esperan también a que los cristianos estén dispuestos a prevalecer en la oración.
   - 2 Crónicos 7:14, Hechos 1:4, Jeremías 29:12-13, Jeremías 33:3, Mateo 7:7-8, Efesios 3:20, Mateo 21:22, Juan 14:13-14

7. Debemos poner al Señor Jesucristo en primer lugar; debemos ponerlo antes de todo lo demás.
   - Hechos 20:20, 31, Romanos 9:3, Mateo 6:33, Lucas 9:23, Lucas 14:26-27, Romanos 12:1-2, 1 Corintios 2:2, Filipenses 1:21, Marcos 16:15

Capítulo 11

¿Cómo Prepararse para la Llegada del Evangelista?

(Estas son algunas sugerencias que pueden ser adaptadas a su situación en particular.)
¡Piense en grande! ¡Tengamos un impacto en toda el área para Cristo!

Dios me ha llamado a mí a ser un evangelista. ¿Qué sabemos acerca de los evangelistas en la Biblia? ¿Cuál es su don y su llamamiento? El evangelista es un hombre de Dios respetado que posee autoridad dada por Dios y con dones especiales "a fin de perfeccionar a los santos para la obra del ministerio, para la edificación del cuerpo de Cristo", (Efesios 4:12) para que otros sean alcanzados para Jesucristo. Como evangelista, tengo un llamamiento específico; ese llamado consta en alcanzar a la gente con el Evangelio.

Así que, la pregunta lógica que probablemente tiene es: "¿Cómo puede un evangelista ayudarnos a mí y a mi iglesia?" Creo que sería sabio preguntarle a un evangelista: "¿Cómo puedo alcanzar a más gente en mi área?" o, "¿Hay algunas cosas específicas que podemos hacer para alcanzar a más gente en nuestra área?" Deje que el evangelista le ayude a alcanzar a su área para Cristo, porque eso es el don y llamamiento del evangelista. Así usted recibirá lo que Dios tiene para usted a través del don del evangelista.

Una descripción de mi llamamiento como evangelista es lo siguiente: alcanzar a más gente con el Evangelio del Señor Jesucristo y así edificar su iglesia. Así que, quiero ayudarle a alcanzar su área y alcanzar al mundo para Jesucristo.

Los pastores deben preparar a su gente, diciéndoles: "El evangelista tiene un ministerio especial para alcanzar a gente para Cristo. Así que, debemos involucrarnos todos y estar dispuestos a ayudar al evangelista; él nos guiará y nos dirigirá durante este tiempo. Debemos tomar en cuenta que hacerlo será para alcanzar a más gente con el Evangelio de nuestro Salvador Jesucristo".

Un año antes del evento, o tan pronto como sea posible:
- Empiece a ahorrar dinero con tiempo. Puede ser en una cuenta especial para los costos extras, por ejemplo: copias de volantes, promociones, autobuses, secretaria, obreros, etc. Éste plan debe realizarse hasta la realización del evento.

- Si es necesario, busque un buen director de música para el evento, y/o personas para cantar especiales durante el evento.

Seis meses antes, o tan pronto como sea posible:

- Planee todos los servicios de predicación que sean posibles donde el evangelista pueda predicar: lugares al aire libre, escuelas, universidades, cárceles, fábricas, bases militares, lugares de negocios, el ayuntamiento, oficinas de gobierno, estaciones de policía, estaciones de bomberos, eventos deportivos como los juegos de futbol, diferentes clubs u organizaciones como Alcohólicos Anónimos, asilos, hospitales, o cualquier otro lugar que usted considere pueda ser posible. Planearlo es necesario porque por lo general se tienen que hacer reservaciones o citas con mucha anticipación para tener acceso a estos lugares. Necesitamos demostrar denuedo, convicción, determinación, poder, sabiduría, confianza, y valentía así como tener la actitud de expectación y entusiasmo al acercarnos a las personas con las que hagamos una cita. ¡Ellos necesitan tener lo que nosotros tenemos!
- Escoja un buen lugar: Donde esté la gente, un lugar para que mucha gente pueda llegar a pie, si es posible. También, si puede, use transporte para llevar la gente al lugar.

Comience a planear la publicidad para el evento, use la radio, la televisión, el periódico, volantes, espectaculares, banners o lonas, posters, y otros medios. **MUY IMPORTANTE: Cuando haga el volante para el evento, ponga manera sencilla el Evangelio al reverso del volante, exactamente como dice a continuación:**

Dios te ama muchísimo.

"Porque de tal manera amó Dios al mundo, que ha dado a su Hijo unigénito, para que todo aquel que en él cree, no se pierda, mas tenga vida eterna". (Juan 3:16)

Jesucristo te ama tanto que Él murió en la cruz para perdonarte de todos tus pecados, salvarte del infierno, y llevarte a un lugar maravilloso llamado el Cielo. Ahora mismo, di esta oración y pídele a Jesucristo que entre en tu corazón y te lleve al Cielo cuando mueras.

"Señor Jesucristo, por favor entra en mi corazón, perdona mis pecados, y sálvame del infierno.
Estoy confiando en Ti para llevarme al Cielo. Gracias, Jesús, por entrar en mi corazón
y salvarme del infierno. Amén".

También puede anexar al volante un folleto sobre el plan de Salvación.

Debemos creer que Dios bendice cuando damos el Evangelio. También en el volante recomiendo poner el horario y la dirección y/o un pequeño mapa al frente para localizar el lugar así como un número de teléfono. No olvide anotar también que el evento será gratis. Ponga el nombre del evento en letra grande. Es mejor NO poner el nombre de la iglesia, pero si es absolutamente necesario, ponga el nombre de la iglesia con letra muy pequeña. También puede poner algo en el volante que sea atractivo a los hombres, mujeres, jóvenes y niños. Cuando ya haya determinado donde será el evento y ya tenga sus volantes, vaya a donde esté la gente. Vaya a los lugares públicos. Vaya de casa en casa (si no hay gente en casa, deje un volante en la casa). Vaya a lugares que estén al aire libre y anúncielo con bocina. Vaya a las universidades, escuelas, hospitales, al centro, a los lugares de grupos de alcohólicos anónimos. Vaya a eventos deportivos como juegos de futbol, lugares de negocios, el ayuntamiento, bases militares, estaciones de policía, estaciones de bomberos, oficinas de gobierno, empresas, diferentes clubs u organizaciones, asilos, etc. Sería muy buena idea usar espectaculares y lonas que anuncien el evento. ¡Sea creativo! Use su imaginación para publicar el evento y piense en todas las posibilidades en las que pueda dar más invitaciones o volantes para que la noticia sea conocida y la gente sepa. ¡Deje volantes donde quiera!

- Prepare tarjetas de registro y decisión con el nombre, edad, domicilio, número telefónico y la clase de decisión que fue hecha por la persona (solo anote en las tarjetas de registro).

Seis Semanas Antes:
- La iglesia puede determinar tener un tiempo de 40 días de oración y ayuno, donde diferentes personas se comprometan a orar y ayunar en diferentes días, hasta completar los 40 días. Recuerde hacerlo antes del evento evangelístico. Trate de involucrar todas las personas de la(s) iglesia(s). Dios escucha y contesta la oración.

Cuatro Semanas Antes:
- Preparativos y publicidad (Lucas 14:23) Haga publicidad por diversos medios como la televisión, la radio, el periódico, carteles, volantes, invitaciones, etc. en el transcurso de todas las semanas antes del evento.

- Comience a predicar acerca de ganar almas, sobre la importancia del avivamiento, sobre misiones y de alcanzar a otros para Cristo durante estas cuatro semanas antes del evento y hasta el inicio del evento.
- Tenga las tarjetas de registro y las tarjetas de decisión listas.
- Advierta a la gente acerca de los ataques de Satanás y anímeles a mantenerse firmes para Cristo.
- Informe a sus obreros de rutas y de la iglesia de lo que se espera de ellos.
- Enfatice una y otra vez que todos tienen que venir. Haga énfasis de la importancia de la fidelidad y su participación en el evento.
- Enfatice a sus miembros sobre invitar gente en todas partes.
- Recoja listas de los prospectos de las personas en la iglesia, para que se ore por ellos y para visitarles e invitarles a venir. Quizá unos ganadores de almas de la iglesia puedan visitarlos antes del evento.
- Anime a la gente a traer visitantes y a sentarse con sus visitantes. Si los visitantes no responden a la invitación, los ganadores de almas deben estar alertas y listos para hablar con ellos. Se les puede hacer la siguiente pregunta: "¿No le gustaría recibir a Cristo?"
- Anuncie el evento públicamente en la iglesia. (Sea entusiasta.)
- Si usted desea, reserve al pianista y tal vez también al organista adecuado para el evento. Insista sobre la puntualidad y fidelidad a la gente que pertenece al coro.

Tres Semanas Antes:
- Semana de Ganar Almas. (Marcos 16:15) – Organice salir a ganar almas cada día de la semana; probablemente pueda hacerlo en horas diferentes dependiendo en los horarios de la gente. Quizás también pueda dar una breve enseñanza sobre ganar almas antes de salir a ganar almas por lo menos durante una hora. Obtenga sus nombres y domicilios de las personas con las que comparte el Evangelio e invítelos a asistir al evento.
- Recuerde lo más importante: Ganar almas para Cristo e invitarlos al evento.

Dos Semanas Antes:
- Semana de Oración (Jeremías 33:3) "Nada que sea con significado eterno pasa sin la oración". D.L. Moody una vez dijo: "Detrás de cada gran evento para Dios, hay una persona arrodillada". Usted puede tener reuniones de oración en la iglesia, en casas de gente conocida inconversa, en casas de miembros de la iglesia, en diferentes partes de la ciudad. Puede tener una breve enseñanza acerca de la oración y de cómo la oración es de mucha ayuda para alcanzar a otros para Cristo, y luego orar por una hora. Anímelos a orar y a ayunar durante esta semana.

- Ore por la salvación de las almas que no conocen de Jesús y que sus vidas sean cambiadas. Ore para que obreros sean enviados a la mies. Ore por otros. Ore por la gente que está en posición de autoridad. Ore por Israel, por avivamiento, por poder, por amor, por sabiduría en todo lo que se haga y que el Señor Jesucristo sea glorificado. ¡Ore para que las almas sean salvas!
- Reparta volantes para el evento.

Una Semana Antes:
- Semana de Invitación (Apocalipsis 22:17) Simplemente invierta todo su tiempo en invitar a toda la gente posible para que vengan a escuchar de Cristo. En éste tiempo no trate de ganarlos para Cristo, a menos que las personas le pregunten: "¿Qué debo hacer para ser salvo?" Recuerde que debe concentrarse en invitar a la gente. (¡Esto realmente funciona!) Vaya con una sonrisa, entusiasmo, sea un "cuate" con la gente. Mientras va, ore al Señor: "Dios, salva almas y cambia vidas".
- Publicidad. Use la radio, la televisión, el periódico, volantes, posters y otros medios de comunicación.
- Cuando vaya a anunciar, vaya a donde esté la gente. Vaya a los lugares públicos. Vaya de casa en casa, y si no están en casa, deje el volante. Vaya a lugares que estén al aire libre y anuncie con bocina. Vaya a universidades, escuelas, hospitales, al centro. Vaya a los lugares de los grupos de alcohólicos anónimos, eventos deportivos como de futbol, lugares de negocios, al ayuntamiento, bases militares, estaciones de policía, estaciones de bomberos, oficinas de gobierno, fábricas, diferentes clubs u organizaciones, asilos, etc. Las vallas publicitarias y los espectaculares o lonas son ideales. Use su imaginación para usar cualquier posibilidad o medio para entregar más invitaciones o volantes para dar a conocer la noticia y avisarle a la gente sobre el evento. (Vea la sección "Seis meses antes, o tan pronto como sea posible" para saber cómo se prepara un volante.)
- Haga llamadas y planee visitas para decirles y recordarles a las personas sobre el día especial. (Puede apoyarse con algunas hermanas de la iglesia para que hagan llamadas para invitar y recordarle a la gente.)
- Anuncie desde el púlpito. (La promoción, los premios (para obreros y visitantes) y ore por el evento.)
- Tenga una junta de obreros de rutas para asegurarse de que sepan lo que estarán haciendo el día del evento.
- **Por favor, confirme las citas de los servicios de predicación que haya hecho en algún lugar fuera de la iglesia por lo menos con 2 días de anticipación.**

- El sábado, tenga una junta con los varones (quizás puede organizar un desayuno); implóreles que ganen almas.

La Semana del Evento:
- Juan 12:32 ¡Enaltezca a Cristo!
- Concéntrese en repartir volantes. (Ore por el evento mientras trabaja.) Haga arreglos finales.
- Para el servicio regular antes del evento, predique acerca del tener una carga por las almas perdidas. Anime a todos sus miembros para estar presentes y conozcan al evangelista invitado.
- Camine con Dios, trabaje arduamente, y confíe en que Dios salvará las almas.
- Después del evento, dele gracias a Dios por los resultados puesto que Él merece toda alabanza, gloria y honor.

El Seguimiento:
- Puede darles a los nuevos convertidos material de discipulado: posiblemente puede proporcionarles folletos, una porción de Juan y Romanos, Biblias, regalos especiales, CDs y DVDs de enseñanza acerca de seguir a Jesús, material de discipulado (salvación, seguridad de salvación, oración, leer la Biblia, etc., etc.) también de otras temas, como matrimonio, finanzas, etc.
- Visite a las personas que llenaron las tarjetas de registro y las tarjetas de decisión.

Ayudas Adicionales:
- Algo bien importante es que durante la predicación e invitación para recibir a Cristo, que todos los hermanos estén quietos y con actitud respetuosa, orando en su corazón que Dios bendiga el predicador con Su poder, y que la gente sea salva. Tiene que tener en cuenta de que se trata de una batalla espiritual, y durante este tiempo las personas están decidiendo si van a aceptar a Cristo como su Salvador o no. No es tiempo de descansar, de hablar o de planear otra cosa. Este tiempo de la predicación y la invitación es el propósito principal de todo nuestro esfuerzo. Entonces, debe orar mucho durante la predicación y la invitación para que las personas reciban a Cristo.
- También durante la oración para recibir a Cristo, sería sabio y muy bueno si todos los cristianos oraren en voz alta después del predicador para que los inconversos se animen a orar también. Eso puede ser de mucha ayuda.
- Recuerde, la iglesia puede tener un tiempo de 40 días de oración y ayuno, donde diferentes personas se comprometen a orar y ayunar por diferentes días,

durante 40 días antes del evento evangelístico. Trate de involucrar a todas las personas de la(s) iglesia(s). Dios escucha y contesta la oración.

- Repito: Cuando vaya a dar a conocer sobre el evento, vaya a donde esté la gente. Vaya a los lugares públicos. Vaya de casa en casa, y si no están en casa, deje el volante en la casa. Vaya a lugares que estén al aire libre y anuncie con bocina. Vaya a universidades, escuelas, hospitales, al centro. Vaya a los lugares de los grupos de alcohólicos anónimos. Vaya a los eventos deportivos como de futbol, lugares de negocios, al ayuntamiento, bases militares, estaciones de policía, estaciones de bomberos, oficinas de gobierno, fábricas, diferentes clubs u organizaciones, asilos, etc. Las vallas publicitarias y los espectaculares o lonas son ideales. ¡Sea creativo! Use su imaginación para usar cualquier manera para entregar más invitaciones o volantes para anunciar sobre el evento a toda la gente posible. **MUY IMPORTANTE: De manera sencilla añada el Evangelio al reverso del volante, exactamente como parece en la sección "Seis meses antes del evento".** (o se puede dar un folleto con el volante) **Yo creo que Dios bendice cuando nosotros damos el Evangelio.** También se recomienda poner el horario del evento y la dirección y/o un mapa al frente del volante para localizar mejor el lugar así como tal vez incluir un número de teléfono de con quién deban contactarse. Recuerde hacer énfasis en que el evento es gratis. Ponga el nombre del evento con letra grande. Es recomendable NO poner el nombre de la iglesia, pero si es absolutamente necesario, póngalo con letra muy pequeña. Diseñe su publicidad que sea atractiva para hombres, mujeres, jóvenes y niños.

- Si el evento se llevará a cabo en su iglesia, tal vez puede utilizar el siguiente eslogan: "Un amigo le espera en _____ (el nombre de su iglesia)".

- Tenga un buen lugar, un lugar donde esté la gente, en donde mucha gente pueda llegar a pie si es posible.

- Tenga una competencia entre grupos diferentes en la iglesia; incluya a adultos, jóvenes, o quizás puede dividirlos en dos equipos. Tenga diferentes premios para los obreros de su iglesia; pueden ser: regalos, libros, CDs, viajes, Biblias, Nuevos Testamentos, la Biblia o Nuevo Testamento en CD's o DVD's. Seleccione premios para el primero, segundo y tercer lugar. (Use su imaginación. ¡El límite es hasta el cielo!)

- **El tener eventos a nivel-ciudad es una manera excelente para ganar a un gran número de gente.** Servicios en auditorios grandes, así como reuniones al aire libre, han dado como resultado muchas personas salvas. Cuando se lleva a cabo eventos en éste tipo de lugares, deben ser rigurosamente anunciados. Estos servicios pueden ser organizados y apoyados por una o varias iglesias bautistas. Los pastores involucrados deben trabajar juntos y tener un espíritu de cooperación y también de armonía con la firme intención de honrar a nuestro Salvador con cada pensamiento y acción. ¡Trabajemos juntos para alcanzar a las preciosas almas para Cristo!

- Se puede usar el método ya mencionado (a nivel-ciudad) para ir y comenzar una iglesia en esa área. Este es una manera excelente y además bíblica para comenzar iglesias.

- En una campaña evangelística de siete días en una iglesia, el evangelista puede predicar sobre temas como: el infierno, juicio, ganar almas, pecado, salvación (quizá su testimonio), la vida cristiana (fe, arrepentimiento, o la persona de Jesucristo), y la familia.

- Arreglos Avanzados: Todos los arreglos deben ser totales y completos en su realización. Deben estar listos antes de todos los servicios. Cada detalle debe ser considerado y resuelto con anticipación. ¡Debemos hacer todo de primera clase para nuestro Salvador! Estos arreglos deben incluir el tiempo exacto de la reunión, duración del programa, la cantidad esperada en la audiencia y si el auditorio es el adecuado, si ya hay equipo de sonido o si es necesario conseguir uno, si hay tomas de corriente eléctrica, si existe un podio disponible, elegir qué encargado oficial estará presente para recibir el grupo de obreros y que se asegurará que todo se lleve a cabo correctamente y como se haya planeado, etc. ¡Planee, planee, planee!

- No planee días de programas grandes de 2 a 6 semanas antes de la llegada del evangelista.

- Invite a todos los pastores fundamentales e iglesias vecinas para que traigan a su gente si es posible.

- Durante el evento, puede tener 2 servicios. Puede ser un culto infantil y otro para los adultos, o simplemente tener todos juntos. También puede considerar que el evangelista pueda predicar a los niños primero (durante los cantos de los adultos), y luego predicar a los adultos. Entonces predicaría a los niños y los adultos durante un solo culto.

- **Programa para el servicio (sin sillas) para un evento fuera de la iglesia:** Introducción, quizá un canto, predicación (breve), rifa y **anuncios** finales

- **Programa para el servicio (con sillas) para un evento fuera de la iglesia:**
  - Introducción– debe ser emocionante, divertida e instructiva. Alrededor de 5 minutos. Una idea es reconocer las personas de las diferentes colonias o áreas de la ciudad.
  - Canto especial (tal vez)
  - Oración
  - Sketch, drama, o una competencia (no más de 10 minutos)

- Pueden quedarse todos juntos, o puede despedir a los niños (de 5 a 12 años) a su propia clase.
- Canto especial
- Predicación (es mejor 15 a 30 minutos)
- Todos se reúnen para la rifa y dar anuncios finales

- Se puede dar un premio para el niño y el adulto que se porten mejor durante la predicación. Se puede dar 10 pesos por niño, y 20 pesos por adulto, o puede ser otra cosa que considere dar.
- ¡Sea observador! ¡Si alguien está saliendo del evento, dele un folleto con el Evangelio o testifíquele!
- Para tener un buen evento, de alimentos a los adultos y juegue con los niños.
- Si tiene una rifa, tenga artículos para hombres; pueden ser: herramientas, artículos de trabajo, etc., para las mujeres: aparatos para la cocina, etc., para los jóvenes puede ser: MP3, iPod, aparatos electrónicos, etc., y para los niños pueden ser: juguetes, etc. También puede tener una bolsita de dulces para cada niño y/o tener despensas para los adultos, y/o puede tener comida para todas las personas que asistan al evento.
- Registre a los visitantes en tarjetas y también use las tarjetas de decisión.
- Probablemente pueda tener clases para cuna o guardería para los niños pequeños.
- Use transportes para traer a la gente, si es posible.
- Solicite a las personas de su iglesia que escriban los nombres de 3 a 5 personas a quienes a ellos les gustaría que fueran salvas, y ore por esas personas para que sean salvos. Enfatice que oren por la salvación de las almas en general.
- Anuncie el evento desde el púlpito y en el boletín de la iglesia durante todos los servicios por varias semanas antes del evento.
- Quizás usted pueda usar calcomanías para poner en las defensas de los carros o poner anuncios en los camiones urbanos o sus propios transportes de la iglesia para hacer publicidad del evento.
- Invite a grupos especiales, como escuelas, universidades, clubs, lugares de negocios, bases militares, el ayuntamiento, políticos, estaciones de policía, estaciones de bomberos, personal de algún hospital, equipos deportivos, grupos de scouts, etc. Dígales que serán reconocidos o mencionados como invitados especiales en los servicios.
- Tenga camisas, gorras, plumas, botones etc. especiales para que los obreros usen y sirvan también para promover la realización del evento.
- Tenga disponible un sistema de sonido portátil para que el mensaje alcance a ser escuchado por grupos grandes de personas.
- Quizás pueda tener servicios especiales para varones y para damas.

- Dependiendo del tamaño del grupo para el evento, puede ser recomendable que se hagan los siguientes comités: ejecutivo (normalmente de algunos 6 varones), música, junta de oración, financiero, secretarial, trabajo de negocios, trabajo personal, ujieres, edificio, guardería/cuna, alcanzando a negocios, imprenta, publicidad, transporte, trabajando con jóvenes, trabajando con niños, entretenimiento, etc.

- Si solo es un evangelista, él puede predicar en el culto infantil (para niños de 5 a 12 años) primero (antes o durante de la primera parte del servicio mientras los adultos y jóvenes tienen sus cantos y anuncios), y luego pasarse al servicio de los adultos y jóvenes y predicar allá mientras los niños tienen sus cantos y juegos de repaso, etc. Una noche puede reunirse con los jóvenes, quizá después del culto, para animarlos y retarlos.

- **<u>Debe recordar las siguientes ayudas importantes para ganar almas:</u>**
  1. Sonríe, sea amable, y sea positivo.
  2. Vaya creyendo que gente va a recibir a Cristo.
  3. Rebote la pelota tres veces – trate de continuar dando el Evangelio por lo menos tres veces, a pesar de las excusas que la personas le da (pero con amor y amabilidad).
  4. Comparta el Evangelio dando su testimonio. (Por ejemplo: "Una persona me explicó que Dios me amaba y quería que yo fuera al cielo. Él me explicó que todos somos pecadores..." y continúe dando el plan de salvación en forma de testimonio.)
  5. Use versículos para explicarles sobre la seguridad de salvación. (Romanos 10:13, Juan 3:16, Juan 6:47, Juan 1:12, Juan 5:24, 1 Juan 5:11-13, Juan 3:36)

(<u>NOTA</u>: Si la persona le hace cualquier pregunta, puede contestarle así: "Es una buena pregunta, pero ¿puedo contestarla cuando termine con esto? ¿Sí?")

- ¡Glorifique al Señor Jesús en todo lo que haga!

**La fórmula para un evento exitoso es =
¡La Oración + La Preparación + La Promoción!**

¡Creamos en Dios que tendremos una buena cosecha de almas salvas!

Capítulo 12

Calendario para el Evento Evangelístico y la Llegada del Evangelista

Un año antes del evento	• Empiece a ahorrar dinero para emplear en impresiones, promociones, autobuses, obreros, etc. El ahorro debe hacerse hasta el evento. • Si es necesario, consiga a un buen director de música para el evento, y /o personas para cantar especiales.
Seis meses antes o lo más pronto posible	• Planee los servicios de predicación para el evangelista invitado donde sea posible; pueden ser en: escuelas, prisiones, asilos, fábricas, etc. • Escoja un buen lugar para el evento. Considere que sea un lugar conocido, donde mucha gente pueda llegar a pie, si es posible. • Comience a planear la publicidad para el evento. Puede hacer uso de: radio, televisión, periódico, volantes, espectaculares, posters, etc. • Prepare tarjetas de registro y decisión.
Cuatro semanas antes	• Diseñe y cree publicidad necesaria como: televisión, radio, periódico, carteles, volantes, invitaciones, etc. Considere hacerlo en éste tiempo hasta la realización del evento. • Comience a predicar acerca de ganar almas, avivamiento, misiones, y el alcanzar a otros para Cristo hasta el evento. • Recoja listas de prospectos para salvación de la gente de su iglesia; oren por ellos e invítenlos a venir al evento. • Anuncie el evento públicamente en la iglesia. ¡Sea entusiasta!
Tres semanas antes	• <u>SEMANA DE GANAR ALMAS</u> Tenga grupos de ganar almas para cada día de la semana, probablemente a horas diferentes, dependiendo en los horarios de la gente. Quizás pueda dar una breve enseñanza sobre cómo ganar almas y luego salir a ganar almas por lo menos una hora. Obtenga los nombres y domicilios de las personas, e invítelos al evento. • Lo más importante es ganar almas para Cristo e invitarlos al evento.
Dos semanas antes	• <u>SEMANA DE ORACIÓN</u> Tenga reuniones de oración en varios lugares. Anímele a la gente a orar y a ayunar durante esta semana. • Ore por la salvación de las almas, y para que vidas sean cambiadas. • Reparta volantes para el evento.
La semana antes	• <u>SEMANA DE INVITACIÓN</u> Invierta todo el tiempo necesario para invitar a toda la gente posible al evento. • Haga llamadas y visitas para informar y recordarle a la gente sobre el evento. • Confirme las citas de los servicios de predicación que se llevarán a cabo en los lugares fuera de la iglesia, por lo menos 2 días antes de la cita. • Vaya a todos lugares, anunciando con todos recursos posibles.

	¡Anuncie! ¡Anuncie! ¡Anuncie!
La semana del evento	• <u>ENALTEZCA A CRISTO.</u> • Concéntrese en repartir volantes. Considere y haga los arreglos finales. • En el servicio antes del evento, predique a sus miembros acerca de tener carga por las almas perdidas. • Camine con Dios, trabaje arduamente, y confíe en que Dios salvará a las personas.

Capítulo 13

Para Realizar un Alcance Masivo

- **Primer año – Realice Clubes Evangelísticos**
  - Organice 10 grupos de obreros. Cada grupo debe alcanzar 1,000 personas para Cristo por día.
  - Llevar a cabo como 6 a 10 (o más) clubes <u>por grupo</u> le ayudará a alcanzar a 10,000 personas por día; por tres días = 30,000 personas (meta)
  - Para estar preparado para la semana, necesitará encontrar 300 buenos lugares para realizar los clubes y con capacidad para predicarle a un total de 30,000 personas, lo que en promedio más o menos sería 100 personas por club.
  - Reclute a todos los trabajadores que puedan participar en los clubes.
  - Haga todo lo que pueda hacer para alcanzar a todas las personas posibles para Cristo.
  - De premios al grupo que traiga más personas.
  - Si está el ciclo escolar en curso en las escuelas, considere ir a las escuelas y cuando los estudiantes están saliendo y realizar un club en frente de la escuela o en un parque cercano, pero tendrá que hacerlo rápido, y dar el plan de salvación lo más rápido posible.
  - Normalmente, el tiempo con mayores resultados favorables para realizar los clubes es por la tarde y por la noche cuando las personas ya están de regreso en sus casas, después del tiempo de las escuelas y del trabajo. Usted puede alcanzar a más personas en éste horario. Esto podría ser una buena idea.

- **Segundo año – Realizar Súper Evento o un Rally Evangelístico**
  - El lugar puede ser en un estadio o un lugar con muchas personas alrededor.
  - Considere realizarlo en dos días seguidos. Puede ser los días viernes y sábado.
  - Planee una circunferencia de alcance alrededor del estadio y divídalo en secciones (tal vez 10).
  - Seleccione una sección para cada grupo de su iglesia (obreros y/o ganadores de almas) y para cada ruta.
  - Ponga una meta de 5,000 salvos (tal vez tenga que realizar varios

servicios por día).

- Haga todo lo que pueda hacer para alcanzar a todos para Cristo.
- Dé premios al grupo que traiga más personas
- Tenga una rifa con regalos que contenga:
  - Hombres – herramientas
  - Mujeres – joyería, utensilios de cocina, despensas
  - Jóvenes – aparatos electrónicos
  - Niños – juguetes
- La comida siempre es una buena opción para poner como promoción.
- Tenga premios para el primer, el segundo, y el tercer lugar que traigan más personas.
- Tenga ganadores de almas preparados para presentar el Evangelio alrededor del perímetro del lugar para testificar en caso de que alguien tenga que salir, y/o por lo menos que le dé un folleto a la persona que salga; no queremos que se vayan sin escuchar el Plan de Salvación.
- Vaya a todas las escuelas o lugares posibles y haga la invitación para el evento, etc.
- Cubra todo lugar cercano con publicidad acerca del evento.

Clubs Evangelísticos o rallies

- Tenga diversas ubicaciones o áreas destinadas para realizar los clubes. Recuerde que áreas neutrales son la mejor opción, como: parques, estadios, áreas verdes, etc. de preferencia no realice los clubes en los hogares.
- Cada equipo o grupo puede realizar de 6 a 10 clubes por día. Un equipo grande se puede dividir en varios grupos para tener más clubes.
- Mis cálculos son basados para lograr un promedio de 100 personas en asistencia por club. Puede considerar que sea un promedio menor o mucho más del promedio que le sugiero; depende del área, el tiempo de trabajo, y cuanto tiempo pasaron en oración.
- Dedique 20-30 minutos para invitar.
  - Use disfraces y megáfono para invitar a las personas.
  - Considere tener dulces. No es necesario, pero si los tiene, promuévalo cuando anuncie el club.
  - Tenga uno o dos vehículos por grupo y lleve a las personas con disfraces encima del vehículo (o en el vehículo) y anuncie el club con el megáfono. Además tenga a otras personas invitando a pie en la circunferencia de alrededor del área donde realizará el club.
  - Considere que si usted anuncia que el club comenzará a las 11:00 a.m.,

entonces como a las 11:30 a.m. usted ya tendrá un buen grupo para comenzar. Así que al iniciar el club haga juegos y cosas divertidas por ejemplo: con globos, competencias, sketch con payasos, lucha, etc. Haga la primera parte muy divertida para atraer el interés de las personas y desarrollar una buena relación con la audiencia.

- Cuando piense que ya tiene un buen grupo, comience con la predicación. Muestre amor e interés por las personas. Después de tener la predicación, de la invitación.
- Después usted puede enseñar un versículo, tener cantos y dar una historia interesante, y puede concluir invitándolos a la iglesia el domingo.
- Organice un gran show final. Puede incluir: payasos, Batman peleando contra el Guasón, etcétera. Planee algo grande y emocionante.
- Después dé premios y dulces, tenga una rifa y no olvide dar la invitación para el domingo o para el día grande en la iglesia.
- Organice ir y hacer lo mismo en varios lugares. (Marcos 16:15)

Tips:

- Cuando invite o anuncie, no mencione que se trata de un club bíblico, o que se trata de predicar la Palabra de Dios, o de una iglesia o con una terminología religiosa. Tome en cuenta que las personas que invite son católicas, no salvas, o inclusive perversas; por lo tanto ellos vendrán por lo que llame su atención, lo que les parezca atractivo – normalmente las cosas divertidas. La diversión atrae a grandes multitudes, y después cuando el Evangelio sea predicado entrará en sus corazones y Dios hará su trabajo. Invite con amor a las personas asistir a la iglesia después del club.
- Puede usar globos o pelotas en un vehículo, también decore el club o el área del rally con globos, pelotas o anuncios, incluso puede emplear música de circo.
- Cuando anuncie o haga la invitación para el club, recuerde mencionar las cosas divertidas que atraen a las personas (tome en cuenta que sean cosas neutrales).
- Tenga reuniones de oración una o dos semanas antes del evento. Dios contesta la oración. "Todo gran movimiento por parte de Dios es el resultado de una persona arrodillada". – D.L. Moody
- Para un gran evento se necesita promoción, oración, y publicidad.
- De alimentos a los adultos y juegue con los niños.
- Tenga un premio para la persona que se porte mejor durante la predicación;

por ejemplo: $20 pesos. Esta idea puede funcionar si tienen todos los adultos y niños juntos, o si tiene los niños de 12 años hacia abajo en su propio clase.

- Tenga trabajadores parados que estén alrededor del lugar en diferentes ubicaciones o entre la audiencia observando a las personas y si es necesario para tratar con las distracciones, especialmente con los niños.

- Dé dulces, promociones, premios, rifas, grandes shows, etc. <u>después de la predicación,</u> no antes.

- Tenga ganadores de almas alrededor del perímetro, por si acaso alguien se retira o está a distancia, para ganarlos para Cristo o por lo menos para darles un folleto. (No queremos que la persona se retire sin haber escuchado el plan de salvación). No queremos que su sangre sea en nuestras manos.

- Vaya al área que se designó antes del evento para prevenir diferentes incidentes que pudieran surgir por ejemplo: el sol, la sombra, luz, accesibilidad, lugares donde sentarse, etc., etc.

- Involúcrese completamente. Emociónese. Espere que pasen grandes cosas.

- Revise el resto de la información sugerida.

- Lea el documento titulado: "Cómo Prepararse para la Llegada del Evangelista" - algunas cosas puede aplicarlas, algunas tal vez no.

- El evento es para toda la familia, no solamente para los niños. Anuncie que al evento pueden asistir las mamás, los papás, los jóvenes, y los niños.

- Trabaje como si todo dependiera de usted, y ore como si todo dependiera de Dios. Camine con Dios y trabaje duro.

- **¡Predique a Cristo!**

Capítulo 14

Evangelistas por Cristo

- Necesitamos levantar más evangelistas en todo el mundo.
- Necesitamos entender el llamado del evangelista.
- Hay muchas iglesias Bautistas, pero, ¿Cuántos evangelistas? ¿Dónde están?
- Presentamos a pastores, pero no a los evangelistas en las conferencias.
- No estoy en contra del término "misionero", pero recuerde: La palabra misionero no está mencionada en la Biblia, solo evangelistas, pastores, y maestros.

- Necesitamos aumentar el apoyo para evangelistas como misioneros, tal vez llamarlos misioneros evangelistas. Podemos hacerlo a través de conferencias de misiones para levantar el apoyo necesario para los evangelistas.
- Piense evangelísticamente; no solo piense en sus rutas de autobús cuando viene el evangelista.
- Los evangelistas deben presentar sus informes a las iglesias como otros misioneros por medio de cartas de oración donde incluya informes de personas salvas y bautizadas, etc.
- Los futuros evangelistas pueden ir a campamentos, conferencias e iglesias y levantar a más evangelistas y servidores cristianos de tiempo completo, etc.
- El evangelista podría dar un informe mensual o cada dos meses, o si desea por lo menos un informe anual para las iglesias que lo apoyan.
- Nuestras iglesias deben tener un plan para ganar almas, que incluya los 7 días de la semana (Hechos 5:42, Hechos 2:47)
- En el libro de Hechos, la Palabra de Dios dice que realizaron evangelismo personal así como evangelismo en grandes grupos. Creo que este es un patrón que se puede emplear con nuestras iglesias. Se puede realizar ambas cosas.

Le comparto algunas opciones que usted puede emplear. Por ejemplo:

(Un club Bíblico tiene un promedio de 100 personas en asistencia. Entonces si el evangelista puede realizar 2-3 clubs por día, de ésta manera se puede alcanzar a más personas para Cristo.)

- Si un evangelista alcanza a 50 personas para el Señor por día en los clubs, si se llevan a cabo 5 días por semana, tendría como resultado 250 salvos cada semana. Aproximadamente serán más de 10,000 salvos por año (13,000) (tomando en cuenta que los lunes serían libres)
- 100 evangelistas alcanzando 10,000 por año sería un total de 1 millón de salvos por año.
- Si hubiera 300 evangelistas realizando ésta actividad, sería un total de 3 millones personas salvas por año.
- Si cada evangelista solamente gane a 30 personas por día en evangelismo personal, podría tener a 10,950 salvos en un año.
- Estos datos son interesantes: Si un evangelista trabaja 5 días por semana y realiza 2-3 clubes por día, yo creo que puede alcanzar por lo menos a 100 personas por día, Tendría como resultado a 500 salvos por semana, y por año serían más de 20,000 salvos, aproximadamente 26,000 personas salvas.
- Si hubiera 100 evangelistas haciendo esto, habría 2 millones de salvos por año (tomando en cuenta que los lunes serían libres)
- Si 300 evangelistas hicieran esto, habría 6 millones de salvos por año.
- Existen muchas otras ideas para llevar a cabo el ministerio de evangelismo personal y también evangelismo masivo.

¿Cómo podría ser de ayuda a una iglesia?
Mi único deseo es animar a que haya más evangelistas para la gloria de Cristo.

- Enseñar en el instituto bíblico, tal vez cada año obre ser evangelista.
- Planear viajes de 7 a 10 días, formando un grupo con estudiantes del instituto bíblico y realizar clubs (cada semestre o cada año).
- Tal vez formar un grupo de personas en el verano para realizar clubs.
- Ayudarle a levantar al menos 100 evangelistas para Cristo.

¡Tenemos que tener más evangelistas para Cristo!

Capítulo 15

Lecciones acerca de Evangelistas

- El Mensajero
  - El evangelista necesita tener un corazón de compasión.
  - El evangelista necesita vivir una vida de santidad.
    Algunas áreas problemáticas:
    - Fama
    - Fornicación
    - Finanzas
    - Falsedad
    - Tiempo libre
  - El evangelista tiene que ser guiado por el Espíritu Santo y tener Su poder.
  - El evangelista necesita tener pasión por la oración.
  - El evangelista debe tener una valiente dedicación a la tarea.
- El Mensaje
  - El mensaje debe ser centrado en la Biblia.
  - El mensaje debe ser centrado en Cristo.
  - El mensaje debe ser centrado en la cruz.
  - El mensaje debe ser claro.
  - El mensaje debe ser enfocado en la respuesta. (La gente necesita responder al evangelio de Cristo.)
- Los Métodos
  - Tenemos que desarrollar nuevos enfoques y métodos para comunicar el Evangelio.
    - Vaya a donde está la gente.
    - El uso de diversas herramientas de comunicación
    - El uso de la música
    - Trabajar juntos
    - Preparación
  - Trate de ser sensible con la audiencia.
    - Pablo estudió su audiencia. (Hechos 17)
    - Pablo comenzó a testificar donde estaban ellos en su entendimiento.
    - Pablo se concentró en su hambre espiritual.

- Pablo proclamó la verdad.
- Tenemos que trabajar para dar seguimiento a los nuevos creyentes.
- Tenemos que entrenar a otros para que hagan el trabajo de evangelización.
- Tenemos que realizar las dos cosas: evangelismo personal y evangelismo masivo. ¡Tenemos que hacer las dos cosas!

La Biblia dice en Hechos 5:42: "Y todos los días, en el templo y por las casas, no cesaban de enseñar y predicar a Jesucristo".

Capítulo 16

Vamos a Pescar

Texto: Mateo 4:19: "Y les dijo: Venid en pos de mí, y os haré pescadores de hombres".

1. **Un buen pescador siempre tratará de atrapar peces.**
2. **Un buen pescador quiere atrapar muchos peces.**
3. **Un buen pescador usa la carnada correcta.**
4. **Un buen pescador pesca en los mejores lugares.**
5. **Un buen pescador pesca en el mejor tiempo del día.**
6. **Un buen pescador usa diferentes métodos.**
7. **Un buen pescador está triste cuando no atrapa peces.**
8. **Un buen pescador jala y recoge la red.**

Carlos Spurgeon dijo: "Si Dios te ha llamado a ser un misionero, no te rebajes a ser un rey".

En Octubre de 1871, D. L. Moody predicaba una serie de sermones acerca de Cristo el Salvador. Una noche su mensaje fue: "¿Qué, pues, haré de Jesús, llamado el Cristo?"

Las campanas que alertaban sobre el fuego en la ciudad estaban sonando, pero eso no era algo raro en Chicago.

Moody terminó su mensaje diciendo: "Ahora, quiero que tomes la pregunta contigo y la pienses; el próximo domingo regresa y dime lo que quieres hacer con eso".

Sin embargo, la alarma sobre el fuego en la ciudad no era una alarma normal. El gran fuego de Chicago estaba ardiendo y amenazaba a la ciudad. Cuando las personas salieron de la iglesia para ir a sus casas, el cielo estaba incandescente. A la mañana siguiente el lugar donde el Sr. Moody había predicado algunas horas antes fue reducido a cenizas.

El Sr. Moody ante éste acontecimiento dijo: "La pérdida material no fue nada, pero cometí un gran error. Nunca vi otra vez a algunas de esas personas que estaban aquél día en la iglesia. Yo desde entonces nunca me he atrevido a darle a una audiencia una semana para considerar la salvación de sus almas".

Tenemos que invitar a las personas a que confíen en Cristo como su Salvador inmediatamente, porque no tienen seguro el mañana.

¡Vamos a pescar por Jesús!

Capítulo 17

Grandes Verdades sobre Ganar Almas, Negocio, y Vida

1. Alguien dijo: "Tendrás éxito, en lo que piensas en tu tiempo libre".

2. Cuando trabajábamos en el departamento de ventas, siempre decíamos a los clientes: "¿Qué se necesitaría para poder negociar con usted?"

3. "Le gustaría tener la salvación, ¿verdad?" Nos haría bien mantener una actitud positiva, en la forma en que hacemos preguntas. Sonría y tenga una buena actitud. Mueva la cabeza en forma positiva.

4. Sólo diga: "Permítame preguntarle esto" y vaya al punto. No pida permiso para dar el Evangelio porque Cristo ya le ha otorgado el permiso que necesita. Usted solo diga: "Déjame preguntarle esto", y vaya al plan.

5. Mantenga el entusiasmo en lo que está haciendo. Tenemos las buenas nuevas, ¿verdad? Entonces emociónese por esto. Necesitamos tener una actitud ganadora. Si usted quiere tener éxito, tiene que tener fe.

6. Cualquier objeción que la persona pueda darle, debe ser considerado un desafío para usted. Usted piense: "¿Cómo puedo superar esto?" Debemos quitarles a las personas sus excusas. No deje que las objeciones de las personas le detengan a usted. Siga adelante.

7. Vaya al grano. Muestre los beneficios a la persona de lo que está hablando. ¡Sea claro y sencillo!

8. Enfrente el desafío. Practique lo que está haciendo de antemano.

9. Use la "técnica del sí". Es buena idea que asienta con su cabeza: "Sí".

10. Use la técnica de "sentir y sentí". Por ejemplo: "Sabe, yo me sentía de esa manera".

11. Conozca su tema.

12. Aprendimos algo interesante: "El 63% de todas las ventas se realizan después de 5 objeciones". ¿Qué nos dice eso? Nos dice que va a haber gente que va a tener objeciones, así que responda a sus objeciones. No importa que objeción sea, usted debe decir: "Esa es una buena pregunta. Cuando terminemos de hablar sobre esto, entonces podemos hablar sobre esa pregunta".

13. Tenga un horario de cómo va a hacer las cosas.

14. Una objeción puede ser su mejor amigo.

15. El cierre es una parte muy importante de una venta. En un negocio, es importante cerrar el trato.

16. Debe suponer que va a conseguir la venta o va a cerrar el trato.

17. No hable demasiado de la venta. Hágalo sencillo y claro.

18. Busque una manera de cerrar el trato.

19. Desarrolle comentarios y preguntas finales.

20. Después de cerrar el trato, trate de cerrar otros tratos adicionales que se hayan dado.

21. Tiene que hablar fuerte y claramente para que le entiendan.

22. Sea autoritario.

23. Una de las claves para superar las objeciones es realizar muchas preguntas.

24. Termine preguntas con las palabras "¿correcto?" o "¿sí?".

25. "¿Puedo preguntarle específicamente por qué no le interesa?" Esa es una buena pregunta para tratar con las objeciones que la persona pueda darle.

26. Siempre sonría.

27. Nos solían decir que el secreto de vender es pedir, pedir, pedir. Pida lo que quiera.

28. Manténgalo sencillo.

29. Siempre suponga que va a conseguir la venta.

30. Consiga que la persona esté de acuerdo con usted.

31. Varias veces trate de cerrar el trato.

32. Usted tendrá que terminar. Usted tiene que dar la invitación.

33. Parafrasee lo que está diciendo. Usted dice algo, y luego parafrasea un poco diferente. La repetición es la clave del aprendizaje.

34. Piense en las posibles objeciones que se puedan presentar y de cómo va a lidiar con ellas.

35. Diga: "Sabe que, eso es muy interesante". Usted tiene que mantenerse positivo.

36. Después de haber conseguido la venta, entonces, se procede a las adiciones.

37. No use preguntas que requieran "sí" o "no" como respuesta. A veces es mejor dar diferentes opciones.

38. Haga la pregunta: "¿Por qué se siente así?"

39. Cuando se encuentra con las personas, haga preguntas para conocerlos y así aprenda cómo puede convencerlos.

40. Crea en lo que hace.

Capítulo 18

Grandes Verdades acerca del Evangelismo y de los Evangelistas (Parte 1)

El Señor Jesucristo dijo: "Id por todo el mundo y predicad el evangelio a toda criatura". (Marcos 16:15)

- El "don y vocación" que debe poseer el evangelista es llevar a la gente a tomar una decisión por Cristo.

Algunas ideas acerca de la Evangelización:
- Un gran evangelista dice lo mismo pero en diferentes maneras para ayudar a la gente a entender lo que está diciendo. En otras palabras, el evangelista entiende la importancia de la repetición. Alguien dijo que la repetición es la clave para el aprendizaje. Tal vez se puede hablar de un punto, pero puede hacerse en 3 modos diferentes.
- Los evangelistas deberían estar preocupados por los problemas sociales (como por ejemplo: la alimentación de los pobres) y brindar ayuda a los necesitados, pero la prioridad es predicar el Evangelio. Jesús ayudaba a los necesitados, como deberíamos hacerlo nosotros, pero es nuestro deber compartir con ellos a Jesús.

- Nosotros no nos encontramos solos tratando de alcanzar a otros para Cristo. Hay una gran familia de creyentes con nosotros. Así que trabajemos juntos y alcancemos a este mundo para Cristo. Existe poder en el trabajo en equipo.

Permítame decir esto acerca de los evangelistas.
1. Se necesita la gracia de Dios para ser un evangelista. Necesitamos el favor de Dios en nuestras vidas, si vamos a hacer una diferencia.
2. Debemos tener conciencia que hay hambre en todo el mundo por el evangelio.
3. Siempre debe ser predicado el mensaje del Evangelio.
4. El Evangelio nunca cambia. (Predicamos a Cristo y a Cristo crucificado.)
(Glorifique a Jesús, y nada más que a Jesús.)

El éxito de un evangelista sucede cuando su preparación se encuentra con la oportunidad. El Dr. Jack Hyles fue usado por Dios grandemente para alcanzar a la gente para Cristo, y él dijo que la grandeza no está en la realización, sino en la preparación. Cuando nos hemos preparado con oración, Dios bendice nuestro trabajo con Su poder.

Hay poder en el Evangelio (la muerte, sepultura, y resurrección de Jesucristo).

Siempre debemos explicar claramente el Evangelio.

- Para ir al cielo es necesario que usted sea perfecto; por esa razón, Jesús murió para que podamos ser perfectos o justos a través de Él.
- Desde el libro de Génesis hasta el libro de Apocalipsis, el tema del que trata es acerca de la redención.
- Hay que hacer énfasis: "Jesús murió por ti". (Romanos 5:8)
- La cruz es el centro del mensaje del Evangelio.

Hay básicamente dos cosas principales que debemos atender de la Gran Comisión: Evangelizar y Discipular. El evangelista debe ser de ánimo en las iglesias para que lleven a cabo ambas cosas. Creo que el verdadero discipulado no es que los recién convertidos estén sentados en la iglesia, sino que los recién convertidos estén haciendo todo lo posible para alcanzar a otras personas para Cristo. Cuando verdaderamente están siguiendo a Jesús, entonces serán testigos. Ellos serán ganadores de almas, y pescadores de hombres. Jesús dijo: "Venid en pos de mí, y os haré pescadores de hombres". (Mateo 4:19)

- Tenemos que alcanzar a la gente.
- La necesidad del mundo es Cristo.
- ¡Nunca se rinda! ¡Siga predicando a Cristo!

¿Cómo discipulaba Jesús a la gente?

- Jesús fue un siervo. Jesús ayudaba a la gente.
- Jesús hacía el bien. (Hechos 10:38)
- Jesús amaba y se preocupaba por los demás.
- Jesús veía las necesidades de los demás.
- Jesús dio entrenamiento a un equipo.
- Jesús fue un ejemplo en la oración y predicación con Su propia vida.

Jesús nos mostró cómo debemos ser líderes a través de:

1) Ser un Siervo
2) Selección
3) Asociación
4) Demostración

5) Delegación
6) Supervisión
7) Multiplicación
8) Inspiración

Recuerde que Jesús necesitó el poder del Espíritu Santo; mayormente usted y yo necesitamos el poder del Espíritu Santo.

Piense en las necesidades de los nuevos cristianos en la Iglesia:
1) Alimento espiritual
2) Aceptación (amor)
- Alguien dijo que el secreto de la vida cristiana es una serie de nuevos comienzos.
3) Protección
4) Amistad
5) Compañerismo
6) Entrenamiento y edificación
7) Propósito y ministerio

¿Cómo puede una iglesia dar seguimiento a su gente?
- Ore por los nuevos convertidos.
- Tenga materiales de discipulado (folletos; Juan y Romanos; cursos de discipulado; Biblias completas, Nuevo Testamentos; libros, DVD's, CD's, etc.)
- Desarrolle un buen programa de seguimiento y de visitas
- Tenga una iglesia amigable.
- Su iglesia debe ser fácil de usar. Por ejemplo: debe tener letreros claros, baños y cunas limpias y en buenas condiciones, en buen ambiente en el interior y el exterior de la iglesia, recepcionistas que estén entrenados, ujieres y trabajadores en el altar, etc.
- El negocio de Dios es el mayor negocio del mundo, así que debemos tener el interés necesario como tal.

Ahora, el evangelista debe predicar la verdad:
- Predique el Evangelio.
- Predique sobre pecado y el infierno
- Predique el camino de la salvación – Juan 14:6
- Predique sobre la trinidad
- Predique el reino de Dios

- Predique sobre nacer de nuevo en la familia de Dios
- **Predique a Jesús**

- El apóstol Pablo dijo: "Para mí el vivir es Cristo".

- Elija el título de su mensaje que conduzca a la verdad.

Una gran evangelista dijo que Juan 3:16 en pocas palabras es el Evangelio. Por lo tanto, predique Juan 3:16.

Debemos dar énfasis a la frase: ¡DIOS TE AMA!, porque Dios es amor.

- Dios cambió la vida de los demás y Él puede cambiar la suya.

¿Por qué evangelizamos?

1. Porque hay pecado y separación de Dios en todo el mundo.
2. Hay esperanza en Cristo.

Tenemos que predicar que todos somos pecadores y ¡todos necesitamos a Jesús para salvarnos!

Predique que el pecado es: Desobedecer a Dios

Significa:

1) Anarquía o vivir sin ley
2) Iniquidad
3) Errar al blanco
4) Infracción
5) Incredulidad

El Señor dice que debemos predicar:

1) El perdón de pecados
2) En nombre de Cristo
3) Sobre arrepentimiento
4) A todas las naciones
5) En el poder del Espíritu Santo

Debemos predicar con la autoridad de la Biblia. Por lo tanto, me gusta decir "la Biblia dice" o "Jesús dijo" a través de mis mensajes. Hay poder en la Palabra de Dios. "Porque la palabra de Dios es viva y eficaz, y más cortante que toda espada de dos filos". (Hebreos 4:12a)

Cuando predicamos necesitamos:
- Predicar contra el pecado
- Predicar la muerte, sepultura, y resurrección de Cristo
- Tener un corazón de amor
- Predicar la Biblia
- Usar historias e ilustraciones como Jesús lo hacía.
- Dar la invitación al principio, en medio, y al final del mensaje. (Siempre esté pensando y dando la invitación en todo el mensaje de diferentes maneras.)
- Siempre dar la invitación para recibir a Cristo (Puede dar la invitación varias veces durante el sermón, y en diferentes maneras.)
- Confiar en el Espíritu Santo para guiar a la gente a Cristo

Un sermón evangelístico:
1) Se basa en la autoridad de la Escritura
2) Se enfoca en Jesús
3) Define el pecado y el juicio
4) Explica el arrepentimiento y la fe
5) Invita a los inconversos a tomar una decisión por Cristo
6) También se puede llamar a las personas al discipulado y al compañerismo

---

El seguimiento incluye:
- Leer la Biblia todos los días
- Orar
- Testificar
- Ir a la iglesia (etc.)

Nuestro objetivo como evangelistas es la salvación de las almas.
Tenemos que tener pasión por las almas; tenemos que dar nuestro corazón, nuestra vida, y nuestro todo para alcanzar a otros para Cristo.

¿Cómo podemos tener pasión por las almas?
1) Busque tener pasión por las almas.
2) Ore para tener pasión por las almas.
3) Permita que el Espíritu Santo ame a otros a través de usted.
4) Visite la cruz a menudo y piense en la compasión de Jesús (Medite en lo que sucedió en la cruz aquél día.)
5) Vaya a donde los perdidos están y vea su necesidad.
   - Nuestro silencio, como cristianos, es la razón por la que no estamos alcanzando el mundo. Jesús dijo: "Vé por los caminos y por los

vallados, y fuérzalos a entrar, para que se llene mi casa". (Lucas 14:23)

Debemos tener conciencia y la visión de que la gente irá al castigo eterno si no los alcanzamos por Cristo. (General Booth)

"¡Solamente Jesús!" es el tema que debe proclamar el ganador de almas. El apóstol Pablo dijo: "Pues me propuse no saber entre vosotros cosa alguna sino a Jesucristo, y a éste crucificado". (1 Corintios 2:2) Nosotros predicamos el Evangelio del Señor Jesucristo. Esa es la predicación evangélica.

- Predique sobre la persona de Cristo, la muerte de Cristo, y la resurrección de Cristo.
- El mensaje del Evangelio se resume en las palabras: "Jesús murió por ti".

Usted podría predicar un mensaje titulado: "La vida es seria."
- Usted tiene una oportunidad para vivir (pero recuerde que solo tiene una vida)
- Hay vida después de la muerte (Dios le creó y quiere que usted vaya al cielo)
- Dios tiene un propósito para su vida (Dios tiene un plan)
- Usted está en busca de algo.
- Juan 3:16
- El pecado nos separa de Dios. Romanos 6:23
- Dios puede perdonarle.
- Venga a Jesús para obtener el perdón.
- Jesús murió por todos (muerte, sepultura, resurrección)
- Invite a Jesús para que le salve a usted.
- Al venir a Cristo, usted está diciendo: "Estoy recibiendo a Cristo para ir al cielo".

Puntos importantes acera de la invitación:
- Dígale a la gente al principio que habrá una invitación.
- Indique claramente por qué las personas están viniendo al frente o cómo deben responder para aceptar a Jesús. (Haga la invitación lo más claro y sencillo posible.)
- No limite la invitación.
- No tenga miedo cuando haya silencio en la invitación.
- Trate de no estar ansioso en la invitación. Confíe en el Espíritu Santo para hacer el trabajo.

- Concéntrese más en la parte de la invitación que habla acerca de la salvación.
- No hable demasiado en la invitación. (Sea muy claro.)
- Haga que los consejeros enseñen sobre la seguridad de salvación.

El mensaje del Evangelio debe ser:
1) Claro y sencillo
2) Breve
3) Fácil de entender
4) Con esperanza

- Tenemos que enfatizar en la muerte, sepultura, y resurrección de Cristo para el perdón de los pecados.

Alguien dijo que el 75% de los mensajes de Jesús, eran ilustraciones. Así que Jesús nos dio el ejemplo de usar muchas ilustraciones para compartir la verdad. Mediante el uso de ilustraciones y elementos visuales podemos ayudar a que la gente vea la verdad, así como también escucharla. Spurgeon dijo que las ilustraciones son como las ventanas de una casa para dejar que la luz entre. Las ilustraciones pueden ayudarnos a asegurar que la gente comprenda la verdad. Oremos para que Dios nos dé ilustraciones que nos ayuden a presentar el Evangelio del Señor Jesucristo.

Una gran evangelista dio este consejo a otros evangelistas:
- Ore, ore, ore
- Conozca su Biblia mejor (lea, estudie, y medite en ella)

Un evangelista dio este consejo acerca del ministerio:
- ¡Camine con Dios y trabaje duro!

Consejos simples en la preparación de los mensajes:
- Piense en toda su vida. (Su vida es un testimonio.)
- Debe ser sencillo.
- Pida ayuda de otros para tener ilustraciones para su mensaje. (Busque en todas partes.)
- Use unos eventos actuales en su entorno o a nivel mundial, ya sea en los periódicos y en la televisión.
- Permita que el mensaje impacte su mente y corazón.
- La autoridad que se nos concede, viene de la Biblia. El poder está en la Biblia. Por lo tanto, ¡predique la Palabra!

El evangelista debe:

- Esperar con paciencia en el Señor. La Biblia dice: "Aguarda a Jehová; Esfuérzate, y aliéntese tu corazón: Sí, espera a Jehová". (Salmo 27:14)
- Vigilar con preocupación. La Biblia dice: "Hijo de hombre, yo te he puesto por atalaya a la casa de Israel; oirás, pues, tú la palabra de mi boca, y los amonestarás de mi parte. Cuando yo dijere al impío: De cierto morirás; y tú no le amonestares ni le hablares, para que el impío sea apercibido de su mal camino a fin de que viva, el impío morirá por su maldad, pero su sangre demandaré de tu mano. Pero si tú amonestares al impío, y él no se convirtiere de su impiedad y de su mal camino, él morirá por su maldad, pero tú habrás librado tu alma". (Ezequiel 3:17-19)
- Trabajar con celo. La Biblia dice: "Todo lo que te viniere a la mano para hacer, hazlo según tus fuerzas; porque en el Seol, adonde vas, no hay obra, ni trabajo, ni ciencia, ni sabiduría". (Eclesiastés 9:10)
- Preparar con urgencia.

¿Cómo podemos comunicar el Evangelio?

1) Con autoridad. Hay poder en el Evangelio. La Biblia dice: "Porque no me avergüenzo del evangelio, porque es poder de Dios para salvación a todo aquel que cree; al judío primeramente, y también al griego". (Romanos 1:16) La Biblia es nuestra fuente de autoridad. ¡Use la Palabra de Dios!
2) Con sencillez. Que sea sencillo y claro. No puede usted imaginar lo necesario de la importancia de hacer el evangelio claro y sencillo.

El Evangelio siempre da buenas noticias.

- ¡Predique a Jesús!
- Predique el Evangelio a toda costa porque el tiempo es corto.
- Jesús habló con autoridad, sencillez e ilustraciones.
- Predique utilizando la repetición; asegúrese que la gente pueda entender.
- No se canse de las simples verdades que encontramos en el Evangelio.
- Predique con urgencia el Evangelio y pida a las personas que tomen una decisión.
- Predique el Evangelio con amor y compasión. (Usted debe ayudar a las personas.)
- Tenga compasión para el mundo entero.
- Recuerde a los pobres, enfermos, y necesitados como lo hizo Jesús.
- Ayude a otros con la predicación del Evangelio.
- Necesitamos el poder del Espíritu Santo para alcanzar a otras personas para

Cristo. La Biblia dice: "Pero recibiréis poder, cuando haya venido sobre vosotros el Espíritu Santo, y seréis mis testigos en Jerusalén, en toda Judea, en Samaria, y hasta lo último de la tierra". (Hechos 1:8)

- Tenemos que ser santos. Tenemos que vivir en santidad. Tenemos que apartarnos para el Señor.
- No debemos estar tan ocupados que descuidemos la importancia de la oración, de la Biblia, de ganar almas, de asistir a la iglesia, etc.
- Debemos recordar los fundamentos de la vida cristiana y de tener en cuenta que el Señor Jesucristo debe ser primero en todo en nuestra vida. Jesús dijo: "Mas buscad primeramente el reino de Dios y su justicia, y todas estas cosas os serán añadidas". (Mateo 6:33)

El diablo ataca a los evangelistas en 3 áreas:

1. Dinero
2. Moralidad
3. Orgullo

Necesitamos un ministerio que salve vidas.

- Ayude a las personas para que tomen una decisión por Cristo.
- Cuente historias de esperanza. Su testimonio y los testimonios de otras personas pueden ser de ayuda, también historias que relaten que encontraron la paz y la esperanza en Cristo.
- Haga que el Evangelio sea comprensible. Utilice un lenguaje comprensible con las personas y no use el lenguaje que usaría en la iglesia.
- (Los perdidos son ignorantes de nuestro vocabulario.)
- Tal vez la persona no entienda las palabras como recibir o aceptar a Cristo, pero usted puede decirle: "Cristo, ven en mi corazón y vida para perdonar mis pecados y salvarme del infierno".
  - Explique el Evangelio con claridad para que la gente entienda.
- Explique que el pecado nos separa de Dios.
- Explique qué el Salvador es alguien que le rescata del peligro y que la gente no puede salvarse a sí misma.
- Explique la palabra creer. Usted puede decirle que significa aferrarse a Jesús como su única esperanza. Usted puede enfatizar ese punto como: "Jesús es su única esperanza para ir cielo".
- Explique que el nombre de ellos puede ponerse en el versículo de Juan 3:16.
- La gente busca respuestas para cosas o situaciones que ellos no pueden arreglar, cambiar, o satisfacer. Ellos deben darse cuenta de por qué ellos necesitan a Jesucristo.

Piense en los 7 problemas que tienen las personas que son consideradas puertas abiertas para presentar el Evangelio.

1. Soledad
2. Decepción
3. Estrés
4. Vacío
5. El dolor del pasado
6. Culpa y vergüenza
7. El lado oscuro de sus vidas

Trate primero con los síntomas de las personas como: la soledad, el vacío, la culpa, el miedo a la muerte, etc. Después trate con la enfermedad como: el pecado y el infierno. Después debe ofrecerles la cura, la cual es Jesús.

¿Cómo podemos ser empáticos para responder y ser de ayuda a las necesidades de los otros?

- Hable con la población en su localidad para saber sobre su situación.
- Tome periódicos de la ciudad para encontrar ilustraciones de la situación social en la que se encuentra y para ayudarles a usted a relacionarse con la gente de esa ciudad. (Investigue sobre sus problemas o necesidades.)
- Aprenda a mirar y a escuchar a los demás.
- Aprenda a mirar. Jesús vio las necesidades de otros y los ayudó.
- Entienda a su audiencia. Conozca sus necesidades, su religión y su forma de vida.
- Use un lenguaje común o sencillo y entienda las necesidades de las personas.
  - Busque ilustraciones de personas que están tratando de alcanzar a otros por ejemplo: pescadores, musulmanes, hindúes, etc. de cualquier estrato social o religioso.
  - Haga su mensaje claro y sencillo.
  - Tenga en cuenta la cultura y el trasfondo de diversos pueblos en su mente cuando predique.
- Nuestro objetivo es su respuesta.
  - Reconozca que su objetivo es que otras personas acepten a Cristo.
  - Jesús puede salvar, librar, y ayudar.
  - La respuesta es recibir a Cristo.
- La gente está buscando respuestas, y la respuesta que ellos necesitan es

Cristo.

- Jesús usaba ilustraciones que las personas pudiera entender.
- Un evangelista dijo: "Si tuviera que hacerlo de nuevo, yo predicaría más acerca de la cruz de Jesús y la sangre que derramó por el pecador, porque es allí donde hay poder".
- Un gran predicador alguna ocasión dijo: "Yo estudio para ser sencillo". Tenemos que ser comprensibles y empáticos.
- Use personas, lugares, y eventos como ilustraciones en la predicación.
- Haga una pausa para llamar la atención de las personas.
- Predique con entusiasmo.

¿Qué es la predicación evangelistica?

1) Orar a través del sermón. (Presente a las personas a Dios.)
2) Levantar a Jesús. Usted puede decir: "¡Jesús murió por usted y resucitó para su justificación!"
3) Depender de la Palabra de Dios. (Necesitamos la autoridad que otorga la Biblia.)
   o Predique la Biblia.
4) Predicar contra el pecado y sus consecuencias del mismo.
5) Mantener el rumbo. ¿Qué es lo que usted quiere transmitir? Debe darse cuenta de que su objetivo principal es que ellos acepten a Cristo como su Salvador.
6) Hacer su mensaje breve y sencillo. Debe decirlo claramente. Debe mostrarlo como un hecho.
7) Implorar por las almas. Espere que la gente acepte a Jesús. (Tenga pasión por las almas.)
   o Tenga compasión o inclusive derrame lágrimas por las almas, no necesariamente lágrimas físicas sino me refiero a tener un corazón sensible.
8) Anunciar un veredicto. Usted puede decir: ¡Tal vez esta será su última oportunidad! ¡Hoy es el día de salvación!
9) Depender del Espíritu Santo.

¿Cómo debemos comunicar el Evangelio?

- Adaptamos nuestros métodos a las culturas, los países, la sociedad, y el público a quien vamos a dirigir nuestro mensaje: "El Evangelio". El Evangelio siempre es el mismo, pero las formas en que lo compartimos pueden variar.

- Recuerde 1 Corintios 2:2: "Pues me propuse no saber entre vosotros cosa alguna sino a Jesucristo, y a éste crucificado".
- Hay un poder integrado cuando predicamos la cruz, la resurrección, y la sangre de Jesús. (Predique a Cristo.)
- No se preocupe por la cantidad de personas; los resultados están en las manos de Dios. Pero intente alcanzar a tantos como usted pueda para Cristo.
- El trabajo del Espíritu Santo es vital. El hombre natural no puede recibir a Cristo, porque hay un velo que interfiere, pero el Espíritu Santo penetrará ese velo.
- El gran evangelista D.L. Moody contaba historias de personas que se encontraban al filo de la muerte. También utilizó ilustraciones personales y sencillas. Él se trazó una línea recta directo a la cruz y fue fiel al Evangelio.
- Debemos predicar en el poder del Espíritu Santo.

No importa donde usted predique, hay ciertas cosas que siempre serán verdad. Existen verdades universales:

1. Las necesidades de la vida no se suplirán por las posesiones que pueda adquirir. Las posesiones carecen de cumplimiento en la satisfacción del ser humano.
2. El vacío que existe en todo el mundo es porque están sin Cristo. (Dios sólo puede llenar el vacío que existe.)
3. Soledad
4. Sentido de culpa
5. Miedo a la muerte. Los jóvenes principalmente piensan sobre el sexo y la muerte.
   - Nosotros sabemos que el pecado, la muerte, y el infierno son derrotados por Cristo.

¿Cómo podemos comunicar el Evangelio?

1) Comunicamos el Evangelio con autoridad. (La Biblia, la cruz, el poder del Espíritu Santo)
   o Consúmase a sí mismo en la oración y en el estudio.
   o Se necesita trabajar lo suficiente para estar preparado.
2) Comunicamos el Evangelio con sencillez.
   o Hágalo simple. La gente necesita un mensaje sencillo para entender.
3) Comunicamos el Evangelio repetitivamente. (Tal vez es necesario repetir las cosas 3 veces en diferentes formas.)
4) Comunicamos el Evangelio viviendo una vida santa. (Sea santo.)
   o El diablo ataca al evangelista a través del dinero, la inmoralidad, y el

orgullo.

5) Comunicamos el Evangelio con amor por los demás.

6) Comunicamos con calidad de urgencia. (ahora)

7) Comunicamos el Evangelio con una preocupación social y compasiva. (Sea como Cristo y ayude a los oprimidos, los enfermos, y los pobres.)

   o Tal vez pueda satisfacer las necesidades de los que van a escuchar. (A la gente no le importa cuánto conocimiento posee usted, hasta que ellos saben cuánto interés tiene usted por ellos.)

8) Comunicamos el Evangelio en unidad espiritual o estando "unánimes juntos".

   o ¡Trabajemos juntos para alcanzar a otros para Cristo!

- La predicación es la verdad y la personalidad.
- Hay poder en el evangelio.
- La Palabra de Dios es toda poderosa.
- Un predicador es como un mendigo diciéndole a otro mendigo dónde encontrar comida.
- Tal vez usted deba comenzar a predicar con preguntas como por ejemplo: ¿Quiere la paz o el amor, etc.?
- Usted puede mencionar lo que han dicho personas famosas acerca de estos temas.
- Haga énfasis de la cruz del calvario y predique la sangre de Cristo porque es allí donde está el poder.
- El Evangelio tiene poder, no las palabras persuasivas.
- Estudie para ser sencillo en su predicación.
- Explique sobre el arrepentimiento.
- Deje los resultados en las manos de Dios. Confíe en Dios para hacer cosas grandes y maravillosas.
- Predique con claridad acerca del pecado.
- Spurgeon dijo: "No busques grandes cosas por ti mismo. Trata de glorificar a Dios".
- Utilice todos los medios que considere eficaces para alcanzar a todos los corazones que se encuentren abiertos.
- Mantenga una visión, una carga, y un deseo por el evangelismo.
- Necesitamos ser humildes para tener la gracia de Dios.
- Nuestra labor no es en vano.
- Termine bien su carrera y pase el bastón a otros.
- Recuerde: Lo mejor está por suceder.

Un evangelista puede dar varias invitaciones a las personas para recibir a Cristo como su Salvador, por ejemplo:

- Necesita a Cristo
- Cristo puede cambiar su vida.
- Venga ahora y reciba a Cristo.
- ¡Levántese y venga a Cristo!
- Ore para recibir a Cristo.
- Levante su mano si usted va a recibir o ha recibido a Jesucristo.
- Etcétera

Debemos de tener y dirigirnos con integridad. Entonces, ¿cómo podemos hacerlo?

- Estudiar y conocer la Biblia
- Oración
- Hacer que la gente ore por usted (el mayor número posible de personas)
- Tener integridad en toda su vida (vida personal, moral, finanzas) sin tener apariencia de mal.

Aquí hay algunas cosas prácticas sobre la forma de cómo entregar el mensaje:

1) Prepare el mensaje antes de llegar a la ciudad. (A veces ha sucedido que existe la necesidad de que cambiarlo antes o en medio de la campaña.)
2) Descanse bien la noche antes de predicar. (Descanse lo necesario.)
3) Evite molestarse. En la tarde trate de acostarse y descansar lo suficiente. También estudie lo que va a decir en la noche a su audiencia.
   - No reciba visitas. Sólo camine de ida y vuelta y prepárese.

¿Cómo podemos hacer para que los perdidos vengan?

- Tenga reuniones de oración y ayuno antes de la campaña.
- Piense en Andrés quien trajo a Pedro al Señor.
- Necesitamos que los cristianos lleven a inconversos a la campaña.
- Use los autobuses para llevar a los inconversos al servicio.
- Gente de la iglesia debe llevar a los visitantes. (Así que considere que tal vez la mitad de la audiencia serán cristianos y la otra mitad serán visitantes inconversos)
- Debe considerar que hay una manera de convencer cada persona a asistir una reunión. Así que averigüe qué es esta manera y utilice algunos medios. En otras palabras, investigue lo que se necesita utilizar para atraer a los visitantes a la reunión.
- Para tener una campaña exitosa, recuerde que es necesario la

oración y la publicidad suficiente.

El evangelista necesita concentrarse en dar el Evangelio y formar ganadores de almas a los cristianos.

- El Evangelista Joe Boyd nos enseñó que un evangelista necesita caminar entre las denominaciones. ¿Qué quiere decir esto? En el pasado, los evangelistas trabajaban con varias denominaciones para tener campañas evangelísticas. Hoy en día, esto ha sido más complicado, pero el punto es que cuando estamos trabajando con varias iglesias bautistas, puede haber diferencias en cuanto a la música, a sus estándares de vida, y también en sus preferencias. Sin embargo el evangelista debe concentrarse en dar el Evangelio y formar en ganadores de almas a los cristianos. El evangelista no debe meterse en discrepancia en cuanto a las diferencias. Su propósito es concentrarse en predicar el Evangelio. Deje que los otros asuntos los traten los pastores locales. De esta manera usted puede trabajar con muchas iglesias y podrá alcanzar muchas almas.

¿Cómo puede hacer la diferencia?

- Necesita al Espíritu Santo para hacer la diferencia.
- Jesús dijo: "El que en mí cree, las obras que yo hago, él las hará también; y aun mayores hará, porque yo voy al Padre". (Juan 14:12) Confíe en el Señor para hacer la diferencia.
- Confiese su pecado y acepte ser limpio por parte de Dios
- Pídale al Señor un corazón limpio.
- Pídale al Señor que domine su corazón, su vida y su orgullo, y que quite todo obstáculo que le quite la bendición de hacer una diferencia para Cristo.
- Confiese sus pecados a Dios y confíe por medio de la fe que Dios le perdonará.
- Suplique por medio de la fe la llenura del Espíritu de Dios para su ministerio.
  - Pídale a Dios: "Señor, llévanos, límpianos, llénanos".
  - Siempre abunde para la obra del Señor.

¡Hagamos todo lo posible para alcanzar a este mundo para Cristo!

Capítulo 19

Grandes Verdades acerca del Evangelismo y de los Evangelistas (Parte 2)

El Señor Jesucristo dijo: "Id por todo el mundo y predicad el evangelio a toda criatura". (Marcos 16:15)

Algunas ideas sencillas acerca de cómo podemos ayudar a los recién convertidos:

- Capacite a los consejeros; deben estar lo suficientemente bien preparados para dar consejo y seguimiento. (Haga esto de antemano.)
- Tal vez puede considerar tener un manual para consejeros sobre cómo aconsejar Bíblicamente en situaciones diferentes, para ayudar a la gente con sus problemas, necesidades, o diferentes circunstancias.
- Tenga libros de Juan y Romanos, materiales de discipulado, Nuevos Testamentos, Biblias, DVDs, CDs, folletos, etc. para facilitar el trabajo de seguimiento a los recién convertidos.
- Mantenga una forma organizada para registrar estadísticas, nombres, direcciones, correos electrónicos, etc.
- Tenga un plan de discipulado detallado listo para dar seguimiento a los recién convertidos.

Algunas ideas sobre la invitación:

- Tal vez pueda dar la invitación al principio y también varias veces durante el sermón, y sin duda puede darlo al final del sermón.
- Sea claro y dé la invitación con audacia.
- ¡Invítelos a venir a Cristo!
- Jesús fue a la cruz por usted, para que usted pueda venir a Él.
- Haga la invitación clara y sencilla.
- Dé tiempo suficiente a Dios en la invitación para atraer a la gente a Él mismo.
- La invitación debe ser con oración de expectación, amable y cariñosa, transparente, honesta, paciente, con autoridad, y con sentido de urgencia.

Así que:

1) Dé una invitación al principio y durante todo el mensaje hasta la invitación

final para que las personas sepan de su necesidad de recibir a Cristo.

2) Dé la invitación con poder y audacia.

3) Dé la invitación con la esperanza de que van a aceptar a Jesucristo como Salvador.

Conozco a un evangelista que estaba dando la invitación como 3 o 4 veces durante su mensaje porque quería dejar claro a su audiencia que tenían que venir a Cristo y aceptarle como su Salvador.

- El propósito por todo es Jesucristo.
- Use un texto.
- Haga preguntas.
- Hable sobre la invitación en todo el mensaje (de principio a fin).
- Dé la invitación claramente.
- Use la Biblia, porque la Biblia tiene el poder del Espíritu Santo
- Deje en claro que todos somos pecadores. (Explique sobre el pecado.)
- Predique sobre la cruz del Calvario (Juan 14:6), sobre Jesús, y sobre la Resurrección.
- Enfatice el amor que Dios tiene para ellos. ("Dios te ama.")
- Su mensaje debe ser bañado en oración.
- Enfatice la urgencia de ser salvo. Puede decir: "Puede ser que usted nunca tenga otro momento como éste".
- Diríjalos en la oración para recibir a Cristo.
- Enfatice que Dios está esperando por cada uno. Puede decir: "Venga mientras pueda".
- Venga a Jesús.
- El Espíritu Santo "convencerá al mundo de pecado, de justicia y de juicio". (Juan 16:8)
- La invitación involucra las emociones, la inteligencia, y la voluntad.
- La invitación es un llamado personal para recibir a Cristo.
- Es una decisión que cambia la vida.
- Dé la invitación en una forma clara y eficaz.
- Cuando les dé la invitación, hágalo en actitud de oración interna. Agonice por las almas.
- Nos convertimos en un equipo cuando trabajamos con el pueblo de Dios para traer a la gente a Cristo.
- Una invitación pública da seguridad a los nuevos creyentes. (Haga todo lo posible para traer a la gente a Cristo. Tome en cuenta que no tienen que caminar las personas hacia la plataforma para recibir a Cristo; ellas pueden

hacerlo en silencio desde sus asientos. De la oportunidad de que ellos reciban a Cristo.)

- Desde el momento en que usted se levanta para predicar, piense en dar la invitación. Usted puede usar las siguientes frases:
    - ¿Está usted seguro de que va al cielo?
    - Si usted recibe a Cristo, Él va a cambiar su vida, y le salvará.
    - Usted necesita a Cristo. Ore y reciba a Cristo.
    - Venga a Cristo.
- La invitación es obra del Espíritu Santo
- Predique para que tomen una decisión; hágalo de principio a fin.
- Deje en claro la forma en que deben recibir a Cristo.
- La invitación es un momento sagrado.

Predique sobre

1) Síntomas: vacío, soledad, culpa, miedo a la muerte, etc. Use preguntas e ilustraciones para llamar la atención de las personas.
2) Pecado
3) La muerte de Cristo y Su resurrección. (Predique la cruz del Calvario.)
4) Aceptar a Cristo
5) Seguir a Cristo

Tenemos que depender totalmente del Espíritu Santo. El Espíritu Santo atrae a la gente a Cristo.

- Hay tres ingredientes necesarios para una campaña exitosa: oración, oración, y oración.
- Se trata de una batalla. (Esté preparado para luchar en el poder de Dios.)
- Alguien le preguntó a un gran evangelista sobre el secreto de su gran ministerio, y él respondió: "Es el poder del Espíritu Santo".
- El Espíritu Santo le libera o le hace libre.
- El Espíritu Santo convence al mundo de pecado, de justicia, y de juicio.
- El Espíritu Santo ha venido para levantar, engrandecer, y glorificar a Cristo.

Hace años vivía un hombre pobre en Texas. Algunos fueron, analizaron y perforaron su tierra porque sabían que había algo importante en esa tierra. Ante lo que descubrieron aquellas personas, el hombre supo que tenía millones de dólares en petróleo en el terreno que poseía. Así nosotros tenemos algo mejor, que es el Espíritu Santo que nos puede ayudar para hacer obras mayores, como dijo Jesús.

- El Espíritu Santo dice: "Toma la decisión de recibir a Jesucristo ahora".

- El Espíritu Santo nos da poder para predicar el Evangelio.

¿Cómo podemos ser llenos del Espíritu Santo?
1) Usted debe desear ser lleno del Espíritu.
2) Hay que entregar el control de nuestras vidas a Jesucristo.
3) Confiese sus pecados a Dios.
4) Necesitamos tener fe y decir: "Señor, ¡gracias por llenarme del Espíritu Santo!" ¡Reclámelo! Confíe en Dios.
   - Reclame la llenura del Espíritu de Dios.

- Se nos ordena ser llenos del Espíritu Santo. Tenemos la promesa de que Dios escucha y nos responde cuando oramos conforme a Su voluntad. (Juan 5:14-15)
- Puede ser que usted no tenga la libertad en la realización de un servicio, pero usted puede tener el poder del Espíritu Santo.
- Por fe reclame la llenura del Espíritu para su ministerio.

- Cuando oramos y predicamos en el nombre de Jesús, entonces somos sus embajadores.
- Llevemos a cabo el evangelismo para glorificar a Dios.
- Ore para que Dios avive la iglesia.
- Ore para que Dios sea glorificado, que la iglesia sea revivida, que haya obreros dispuestos a ser enviados, por el poder de Dios en la vida de los predicadores, que Satanás sea atado, por la gente perdida para que sea salva, que los líderes sean influenciados, que la ciudad se mueva, que el fruto permanezca, y que haya una diferencia en el mundo.
- La oración y el ayuno nos da poder.
- El poder de Dios está disponible a través de la oración.

En Efesios 3:20 la Biblia dice: "Y a Aquel que es poderoso para hacer todas las cosas mucho más abundantemente de lo que pedimos o entendemos, según el poder que actúa en nosotros".

- Claves para evangelistas: Tener misericordia y compasión, ojos con lágrimas, rodillas dobladas, y un corazón sensible.
- El amor de Dios atrae a la gente a Él.
- La oración puede ser una excusa para no actuar. Debemos poner pies a nuestras oraciones si vamos a amar a Dios y amar a los demás. El amor nunca falla. El amor hace la diferencia.
- De toda la gloria a Dios por su éxito.

¿Cuál es la clave para el evangelismo?

- La oración, la oración, la oración
- Haga que los equipos de cristianos oren en las iglesias. Tenemos que tener las iglesias orando y ayunado para tener avivamiento.
- El Evangelista Wesley pasaba horas en la meditación y la oración, y Dios lo usó grandemente.
- Puede tener gente orando durante todo el servicio.
- La oración es esencial para la evangelización.
- Lea las biografías de hombres que fueron usados grandemente por Dios.
  - Existen biografías y testimonios de hombres que fueron guerreros de oración y también tuvieron gente orando por ellos.
- Pablo oró por tener puertas abiertas, para proclamar el misterio de Cristo, para proclamar con claridad (con sabiduría, para aprovechar al máximo cada oportunidad), y que su mensaje fuera lleno de gracia y cada palabra sazonada con sal.
- Como evangelistas, debemos orar y ayunar.
- La necesidad de la cosecha evangelística siempre es urgente. (Marcos 16:15)
- Ore y ayune por la evangelización del mundo.
- Tenemos que interceder en oración por las personas, las situaciones, y la causa de Cristo.
- Tal vez tenga cadenas de oración con una duración de 24 horas.
  - (Tenemos que pasar mucho tiempo en la preparación y la estrategia, pero necesitamos el poder del Espíritu Santo.)
- Oremos fervientemente por audacia.
- Debemos unirnos en oración.

¿Cuáles son algunos requisitos para la oración?
- Confesar pecado (1 Juan 1:9)
- Necesitamos la ayuda del Espíritu Santo.
- Orar según la Palabra de Dios.
- Permanecer siempre en Cristo

Tenemos que orar
- La Biblia dice: "Clama a mí, y yo te responderé, y te enseñaré cosas grandes y ocultas que tú no conoces". (Jeremías 33:3)
- La oración es una aventura emocionante.
- Considere la oración como una conversación con un maravilloso, amoroso, y bondadoso Padre.
- Ore versículos de la Biblia a Dios.

- Ore por el mundo.
- ¿Qué ocurriría si todos los predicadores tomaran tiempo para ayunar y orar? Un avivamiento mundial se llevaría a cabo.
- Dedique el ayuno para un propósito.
- Oren y ayunen unidos, específicamente y estratégicamente.

En cada ciudad donde hay una campaña, la primera prioridad de un evangelista es establecer una base de un grupo de personas para cubrir la ciudad en oración. Aprende a tiempo en su ministerio que Dios bendice en proporción directa a la pasión de la oración.

Necesitamos:
- La oración privada
- La oración pública
- Grupos de oración
- **O**rar por los perdidos

Estamos en una guerra espiritual
- El diablo ataca cuando somos débiles y también cuando tenemos grandes victorias.
- Debemos darnos cuenta de que el diablo intenta pervertir nuestro deseo sexual.
- ¿Tiene usted la armadura de Dios? Se nos manda a vestirnos de toda la armadura de Dios en el libro de Efesios 6, y de estar firmes contra las asechanzas del diablo.
- El evangelista tiene que evitar los vicios del liberalismo, las disputas, y las contiendas.
- Debemos huir del amor al dinero (negar el yo).
- Debemos huir de la soberbia, del pecado sexual, y del amor al dinero.
- El evangelista debe ser santo como Dios es santo.
- El evangelista debe predicar la Palabra de Dios.
- Debemos confiar y obedecer al Señor en todo.
- Debemos vivir, orar y luchar por fe.
- Agrademos al Señor por fe.
- Debemos amar a Dios con todo nuestro corazón, alma, mente, y fuerza, y amar a nuestro prójimo como a nosotros mismos.
- Debemos ser disciplinados en todas las áreas de nuestra vida para nuestro Señor.

- Debemos huir del pecado, debemos seguir a Cristo, y debemos pelear la buena batalla de la fe.
- Debemos rendirnos totalmente al Señor Jesucristo para alcanzar a este mundo para Cristo.
- Las necesidades básicas del corazón humano son las mismas en todo el mundo; sólo necesitan a Cristo.
- Predique a Cristo, predique el evangelio, predique la cruz.
- Recuerde: El poder viene de Dios.
- Tenemos que predicar con gracia y verdad.
- Dios usa gente preparada. (Así que, ¡debe prepararse!)
- La predicación de la cruz tiene poder integrado en ella.
- Hay poder en la sencillez del Evangelio.
- El mundo tiene que ver el amor de Dios
- ¿Usted está satisfaciendo las necesidades de otros como lo hizo Jesús?
- ¿Existe urgencia para dar el Evangelio?
- Debemos amarnos unos a otros, servirnos unos a otros y ser pacientes y amables. Debemos mostrar cortesía. Debemos ser un ejemplo, perdonar recíprocamente y no juzgarnos. Debemos sujetarnos unos a otros. Debemos edificarnos mutuamente, y orar unos por otros.
- El amor cubre una multitud de pecados.

Necesitamos la preservación en el ministerio.
- Un ministerio duradero se basa en la Biblia.
- Debemos basar nuestro ministerio en la Palabra de Dios

Preguntaron una ocasión a Spurgeon cómo defender la Biblia. Él respondió: "¿Defender la Biblia? (Sarcásticamente) ¿Cómo defiendes un león? Sólo déjalo ir, y se defenderá a sí mismo".

- El Evangelio viene de Dios.
- El Evangelio glorifica a Cristo.
- La Biblia le da al evangelista contenido, autoridad, y poder.
- En la predicación del Evangelio, la Palabra de Dios revela la muerte, sepultura, y resurrección de Cristo, en el poder del Espíritu Santo.
- Nuestra autoridad proviene de la Biblia.
- Tenemos que citar mucha Escritura en un mensaje debido a que la Biblia tiene poder integrado en ella misma.

- Enamórese de la Biblia y del Autor de la Biblia.

Aquí hay algunas ideas prácticas para el ministerio:
- El problema del mundo es el pecado, y la solución de ese problema es un Salvador.
- Cuando su vida sea probada, mire hacia arriba.
- Debe darse cuenta de que la solución a la necesidad del mundo, es Jesús.
- Diga: "Señor, háblame a mí, así para que yo pueda hablar con otros".
- Elija ser grande ante los ojos de Dios.
- Predique la palabra de Dios de su corazón.
- Viva para Jesús.
- La oración es una conversación con Dios. Usted puede decir: "Señor, hágase tu voluntad, en el nombre de Jesús".
- Hay poder en la oración.
- Sólo tiene que hablar con el Señor: Señor, ¡ayúdame! Simplemente ore así.
- Orad sin cesar. No importa lo pequeño que parezca el asunto, usted debe decir: "Señor, ayúdame. Dame la fuerza y las palabras para dar el mensaje".
- Dese cuenta de que somos parte de la familia de Dios. Estamos en esto juntos. Por lo tanto, trabajemos juntos y alcancemos a este mundo para Cristo.

- Es muy importante dar seguimiento a los recién convertidos después de una campaña. Una ocasión un hombre encontró una invitación para un estudio de la Biblia en el parabrisas de su coche después de haber asistido a una campaña de evangelización, pero se trataba de un culto falso. El diablo está listo para dar seguimiento a los recién convertidos, pero ¿qué de nosotros?
- Un evangelista tiene que animar a la iglesia para dar seguimiento a todos los recién convertidos que pueda. (Enfatice fuertemente sobre la importancia del seguimiento a los recién convertidos.)
- Es necesario hacer visitas y llamadas telefónicas, enviar cartas y correos electrónicos, etc.
- Entrene a pastores y a las iglesias sobre cómo dar seguimiento a los recién convertidos.
- Puede llevarle al recién convertido un regalo. (Sólo planee una visita rápida y cordial.)
- No necesita tener un buen momento para dar seguimiento al recién convertido; cualquier momento es el indicado.
- Revise el seguimiento que dan sus obreros a los recién convertidos.

- Tenga disponible el material para dar seguimiento a los recién convertidos o materiales sobre discipulado.
- Sea persistente en dar seguimiento a los recién convertidos.
- ¡Todo es para Jesús!

Algunas ideas sobre el don y vocación de un evangelista

- Esto es muy importante para la preparación para una campaña:
    - Tenga un programa de oración para las iglesias. El evangelista D.L. Moody dijo: "Todo gran movimiento de Dios es el resultado de una figura arrodillada". Dios escucha y contesta las oraciones.
    - Tenga un programa de discipulado para las iglesias. (Tenga material sobre la enseñanza sobre cómo discipular)
- La palabra "evangelista" aparece como sustantivo 3 veces en el Nuevo Testamento, pero como una forma verbal más de 50 veces, es decir, para proclamar las buenas nuevas.
- El don de evangelista es llamar a la gente a tomar una decisión.
- El evangelista anuncia la buena noticia a todo el mundo.
- Usted no comenzará en grandes estadios; usted crecerá en ellos. (Normalmente empieza desde abajo y Dios es quien edifica.)
- Un gran hombre sabio dijo una ocasión: "No hay tarea o don más noble que la del evangelista".
- El evangelista tiene un don natural para comunicar, vender, o llamar a las personas a una decisión.
- El evangelista motiva a la iglesia para que testifique de Cristo.
- El evangelista es un don especial para el tiempo de la cosecha de almas.
- Este regalo es otorgado por el Espíritu Santo.
- Tal vez tenga un equipo para trabajar con usted.
    - o El trabajo de evangelismo está conformado por muchas personas.

Así que, ¿cómo puede permanecer un equipo unido?:

- Con paciencia y dedicación
- Humildad
- Orando juntos y resolviendo los problemas que puedan surgir
- Lo que mantuvo un gran equipo evangelístico juntos, fue mantener la sencillez del enfoque, de la pasión, del principio, de la visión, de la carga, y del deseo de predicar el Evangelio.

¿Cuáles son algunas de las trampas para los evangelistas?:

1) La integridad financiera

2) La pureza moral (Nunca esté a solas con otra mujer que no es su esposa. ¡NUNCA!)
3) Trabajar en las iglesias que no le respetan
4) La honestidad en la publicidad, estadísticas, etc.
5) Orgullo (¡El Señor merece toda la gloria!)

El evangelista va por los caminos y por los vallados, y ¡los obliga a venir a Cristo! Un salvador va a donde está la gente. Por ejemplo: un bombero va a donde hay fuego, un policía va a donde está el accidente, Jesucristo vino al mundo. Entonces, tenemos que ir a donde están las personas.

- ¡Una persona está en uno de dos estados: es salva o está perdida!
- Un evangelista es una persona con un don especial del Espíritu Santo para anunciar la buena noticia del Evangelio.
- Predique el Evangelio para desafiar a la gente para que venga a Cristo.
- La palabra griega para "evangelista" significa: Uno que anuncia las buenas nuevas. En forma verbal significa anunciar la buena noticia.
- El mensaje del evangelista es el amor de Dios, el pecado del hombre, la muerte, sepultura, y la resurrección de Cristo, y sobre el perdón de Dios. El mensaje del evangelista es un mensaje que exige una respuesta.
- Las verdades esenciales del Evangelio nunca cambian.
- Debe mantener su visión en el hecho de que Dios lo ha llamado a ser un evangelista. No se dedique a hacer otra cosa.
- Por lo tanto, ¿cómo sé si Dios me ha llamado a ser un evangelista? La respuesta a eso está allí dentro; está en la guía del Espíritu Santo y la confirmación externa de los hermanos cristianos que caminan con Dios. (¿Dios ha usado mi don para tener fruto para Él, o ha dado bendición en una cosecha de almas?)
- El evangelista vindica la justicia de Dios.
- Sea un evangelista que esté informado sobre lo que sucede en una ciudad, en el país, y también en el mundo.
- La música puede tener un ministerio estratégico; puede ser usada para la preparación de los corazones para escuchar al evangelista.
- Predique la Palabra de Dios. Usted debe obrar, trabajar, y estar ocupado.
- El llamado del evangelista es un llamado al compromiso.
- La Biblia dice que el evangelista Felipe era un trabajador de la iglesia, un predicador al mundo, y un líder en su casa.

El objetivo del evangelista debe ser;
- No desistir. Cumplir su ministerio y ¡Predicar a Cristo!

- Tener pasión por los perdidos. Pablo estaba dispuesto a ir al infierno por la salvación de Israel.
- Tener un regalo para el Señor: Alcanzando a otras personas para el Señor; por lo tanto, ¡El Señor estará complacido!

- Debemos tener unidad y humildad para alcanzar a este mundo para Cristo. (Marcos 16:15)
- Debemos trabajar para tener unidad y no división.
- El evangelista Pablo dijo en la Palabra de Dios: "A todos me he hecho de todo, para que de todos modos salve a algunos". (1 Corintios 9:22b)
- No estoy de acuerdo con todos, ni con todo el mundo, o también no estoy de acuerdo con todas sus ideas, pero lo más importante es predicar el Evangelio.
- La gracia de Cristo es suficiente, no importa cuáles sean las pruebas, problemas, y dolores de corazón que puedan venir.
- Dios nos va a juzgar por nuestra fidelidad a Él, no necesariamente lo hará por los resultados que obtengamos. (Así que no debemos compararnos unos a otros.)
- Un evangelista predicó en las esquinas, las misiones, y en pequeños lugares durante 10 años antes de que él predicara a miles y miles de personas. (Entonces sólo sea fiel.)
- La gente necesita a Cristo.
- La necesidad de una cosecha evangelística siempre es urgente.
- Dios da el crecimiento; no lo damos nosotros (no Pablo, ni Apolos, pero Dios sí) (1 Corintios 3:7)
- La gente está abierta a la esperanza. Tiene hambre y sed de la verdad, aunque tal vez no lo sepan.
- Cuando vemos la necesidad del mundo, entonces debemos tener la urgencia de alcanzar a otros para Cristo.
    - Jesús dijo que los campos están blancos para la siega.
    - Debemos cosechar o la cosecha se perderá.
- El don de evangelista es descuidado hoy en día. Debemos darnos cuenta de la importancia del evangelista, respetarlo y honrarlo como un hombre de Dios, un predicador del Evangelio.
- La evangelización es acercar a las personas a Cristo con la predicación de la cruz, el arrepentimiento, el pecado, el infierno y el juicio.

¿Qué es un evangelista?
- Una persona que posee un don especial del Espíritu Santo para anunciar la

buena noticia del Evangelio.
- Un evangelista es un embajador, proclamador, y defensor del Evangelio.
- El evangelista es un don de Dios.
- El evangelista es un especialista en predicar el Evangelio. El evangelista predica a Cristo y a éste crucificado.

¿Cuáles son los motivos de la evangelización:
- El amor de Cristo
- El juicio venidero

La Preparación para una campaña debe incluir:
- Grupos de oración; significa que debe haber gente orando y ayunando
- Andrés trajo a Pedro y a otros al Señor, y tenemos que hacer que la gente traiga a otros a Cristo.
- Entrenamiento de discipulado para el seguimiento de los recién convertidos.
- Organización y publicidad
- Para tener una campaña exitosa, se necesita oración y publicidad.

El mensaje del evangelista debe:
1) Ser claro y sencillo (use ilustraciones e historias como Jesús usaba)
2) Hablar de la muerte, sepultura, y resurrección de Cristo.
3) Ser Bíblica.
4) Predicar sólo a Cristo como el Salvador del mundo (predicar la cruz, Jesús, y la resurrección)
5) Hacer de la cruz del calvario la parte central de su mensaje.

- El evangelista debe tener integridad en todas las áreas de su vida para evitar y quitar toda apariencia de maldad.
- Recuerde que debe enseñar a los cristianos a traer inconversos a la reunión.
- A veces algunos evangelistas se les otorgan dones especiales de evangelización para trabajar con niños, jóvenes, o grupos étnicos (Pedro fue principalmente a Judíos; Pablo a los gentiles, también a todos los hombres). Así, podemos tener un objetivo primario, pero siempre debemos recordar que es necesario predicar el Evangelio a toda criatura.
- Tenemos que predicar con denuedo, no importa quién está allí.
- Debemos presentar el amor de Dios, y también Su santidad.
1) Hay que hacer énfasis sobre que todos son pecadores y están bajo el juicio de Dios.

2) Enfatice lo que Cristo ha hecho para hacer posible nuestra salvación. Recuerde que el mensaje de la cruz del calvario debe ser el centro de nuestra predicación.

3) Enfatice lo que una persona debe hacer, en referencia a la obra de Dios por medio de Cristo (el arrepentimiento y la fe). Simplemente confíe en Cristo para la salvación.

4) Enfatice confiar en Cristo para la salvación (Juan 14:6)

- Siempre dirija a la gente hacia la cruz del calvario.
- La fe consiste en confiar en, depender de, y contar con Cristo para la salvación.
- La urgencia refiere a la parte indispensable de la obra del evangelista.
- Siempre invitamos a la gente a aceptar o a recibir a Jesucristo.
- El trabajo de evangelismo puede ser comparado con los eslabones de una cadena. Necesitamos el trabajo en equipo para el Evangelismo.
- Muestre integridad en los resultados de las campañas y de las estadísticas que se dan. (Tenemos que ser verdaderos y factuales.)
- No descuide su familia.
- La verdadera evangelización implica también que la gente se conviertan en discípulos o seguidores de Cristo después de su salvación.
- Una gran evangelista pensaba que el evangelista no debe salir solo, porque Jesús los envió de 2 en 2 (en equipo).
- Necesitamos equipos que trabajen juntos en la preparación, la campaña, y el seguimiento de los recién convertidos.
- El evangelista y las iglesias necesitan trabajar juntos. El trabajo en equipo puede lograr grandes cosas para el Señor.
- El evangelista es como un entrenador o como un jefe en un evento evangelístico para dirigir, guiar, y mandar. El evangelista debe ser el líder del evento evangelístico.
- El evangelismo revive, renueva, alienta, perfecciona, y edifica a las iglesias.
- Spurgeon dijo: "Si quieres darle un folleto a un hombre hambriento, envuélvelo en un sándwich".
- A veces tenemos que tocarlos primero con una expresión de compasión. (Recuerde, Jesús realizó buenas obras.) El amor hace la diferencia.
- La invitación no es suya, sino le pertenece a Dios.
- Tenemos que explicar el significado de fe. Por la fe hemos aceptamos muchas cosas; por ejemplo: electricidad, sentarse en una silla, subir a un avión, etc.
  - Por lo tanto, no entendemos todo, pero lo aceptamos por fe.

- El ser humano es pecador y necesita un Salvador. (El problema que existe es el mismo para todo el mundo (el pecado) y la solución es la misma para el problema (El Salvador).
- Como cristianos debemos dar, alimentar, y ayudar en el nombre de Jesús. Debemos satisfacer las necesidades de las personas, pero siempre debemos darles a Cristo.
- Predicamos a Cristo el Salvador.
- La Invitación siempre debe ser clara y directa.
- El secreto en la predicación es escondernos detrás de la cruz.
- (Tenemos que señalar, guiar, y dirigir a la gente a Jesús.)
- Cuando nos rendimos, el Espíritu Santo nos llena y luego Él nos controla.
- Debemos buscar tener gente orando para nosotros como predicadores del Evangelio.
- Necesitamos la Biblia, la oración y el poder del Espíritu Santo.
- Aunque a veces no podemos dar una buena cantidad de tiempo a nuestra familia, tenemos que compensar con calidad de tiempo a nuestra familia.
- No estoy comprometido a aceptar todas las invitaciones para predicar. (A veces, tenemos que cuidar de nuestras familias, situaciones, etc.)
- En preparación para el evangelismo, el avivamiento es una parte muy importante.
- La mayor profesión a realizar es la evangelización.
- La evangelización es la misión central de la iglesia.
- Entonces a trabajar, porque ¡Jesús viene!
- ¡Señor, hazlo a través de nosotros!

Como podemos tener pasión por las almas:
- Tenga una visión en cuanto a las personas perdidas que van en dirección al infierno. (Esto desarrollará en usted una pasión por las almas perdidas.)
- Tenemos la oportunidad para hablarles a otros acerca de Jesucristo. Por lo tanto, ¿qué va a hacer con esta oportunidad?
- Haga la salvación clara.
- De a Dios toda la gloria.
- Oremos por un corazón quebrantado por los perdidos.
- Haga que el mensaje arda en su alma para predicar con poder.
- Recuerde que cuando oramos, Dios responde.
- Tenemos que alcanzar a este mundo para Cristo.
- **Entonces, ¡Predique a Cristo! ¡Predique a Cristo! ¡Siempre predique a Jesucristo!**

Capítulo 20

Versículos para Memorizar

Cómo memorizar versículos:
Lea como cinco veces los versículos en voz alta; puede hacerlo 5 veces en la mañana y 5 veces en la noche cada día por 7 días. Luego puede leerlos una vez por día en un mes. Después de la primera semana, escoja otros cinco versículos, y así sucesivamente.

- 1 Corintios 10:31
- Salmos 9:17
- 1 Tesalonicenses 2:19
- Hechos 2:47
- Romanos 11:25
- Proverbios 11:30
- 2 Corintios 5:11
- Hechos 18:4
- Lucas 14:23
- Isaías 66:8
- Mateo 22:37-40
- Filipenses 4:13
- Filipenses 1:21
- Gálatas 4:19
- Apocalipsis 20:15
- Marcos 16:15-16
- Juan 3:36
- 2 Corintios 5:14
- Romanos 9:3
- Marcos 16:15
- Marcos 5:19
- Mateo 4:19
- Hechos 1:8
- 2 Corintios 5:20
- Lucas 24:47
- Romanos 1:14
- Ezequiel 33:8

- Santiago 5:20
- Juan 4:35
- Mateo 9:37
- Juan 16:8
- Juan 15:16
- Salmos 126:6
- 2 Corintios 5:17
- Romanos 1:16
- Romanos 12:1-2
- Daniel 12:3
- Lucas 19:10
- Mateo 9:36
- 1 Corintios 2:2
- 1 Corintios 9:22
- Romanos 9:2-3
- Juan 1:41
- Hechos 5:42
- Hechos 8:4
- Job 19:25
- Salmos 27:14
- Salmos 37:4
- Salmos 46:1
- Salmos 50:15
- Salmos 14:1
- Salmos 55:22
- Salmos 66:1
- Salmos 66:18
- Salmos 80:3
- Salmos 84:10
- Salmos 85:6
- Salmos 97:10
- Salmos 101:3
- Salmos 103:12
- Salmos 116:8
- Salmos 107:2
- Salmos 119:104
- Salmos 122:1
- Proverbios 1:28

- Proverbios 11:21
- 1 Samuel 17:47
- Malaquías 3:9
- Malaquías 3:10
- Proverbios 14:12
- Proverbios 14:34
- Proverbios 15:1
- Proverbios 16:25
- Proverbios 20:1
- Proverbios 23:29
- Proverbios 27:1
- Proverbios 28:26
- Proverbios 29:18
- Proverbios 29:1
- Eclesiastés 11:1
- Eclesiastés 12:1
- Isaías 1:18
- Isaías 5:8
- Isaías 9:6
- Isaías 5:14
- Isaías 5:20
- Isaías 6:5
- Isaías 43:11
- Isaías 45:22
- Isaías 48:22
- Isaías 55:1
- Jeremías 9:1
- Jeremías 13:23
- Jeremías 33:3
- Ezequiel 3:18
- Daniel 1:8
- Oseas 10:12
- Amos 4:12
- Amos 6:1
- Habacuc 2:14
- Habacuc 2:15
- Malaquías 3:8

Capítulo 21

Un Reto para Tener Más Evangelistas

Tengo algunas preguntas para pastores y para las iglesias: ¿Cuántos evangelistas están produciendo sus ministerios? Otra pregunta: ¿Cuántos evangelistas tienen en su iglesia cada año? Si nos basamos en la Biblia, debemos tener más evangelistas influyendo nuestras iglesias. Es necesario apoyarlos con oración y finanzas.

Tenemos que orar mucho para que Dios levante más evangelistas. Recordemos que la Biblia enseña que los evangelistas son dados con el siguiente propósito: "a fin de perfeccionar a los santos para la obra del ministerio, para la edificación del cuerpo de Cristo". (Efesios 4:12) Entonces, por favor oren mucho que Dios levante a más de 300 evangelistas con pasión en sus vidas para predicar a Cristo a las multitudes, para ayudar a comenzar iglesias, para levantar más siervos de Dios de tiempo completo, y para entrenar a las iglesias para ser más efectivos ganadores de almas para la gloria de Cristo. Según lo que la Biblia nos enseña, nosotros necesitamos evangelistas. Es parte del plan de Dios, y Dios sabe lo que hace. Tenemos que tener más evangelistas.

Capítulo 22

El Deber del Evangelista

La Biblia dice en 2 Timoteo 4:5: "Pero tú sé sobrio en todo, soporta las aflicciones, haz obra de evangelista, cumple tu ministerio".

1. El evangelista predica a Jesucristo como Dios, Señor y Salvador, que se revela en la Biblia, que es la Palabra infalible de Dios.
2. El evangelista debe tener un compromiso con la Gran Comisión de nuestro Señor, y cumplir con la voluntad de Dios con ir a cualquier parte, hacer cualquier cosa, y sacrificar todo lo que Dios requiera de él en el cumplimiento de esa Comisión. (Mateo 28:19-20)
3. El evangelista debe responder al llamado de Dios, también al ministerio bíblico del evangelista, y de aceptar su solemne responsabilidad de predicar la Palabra a todos los pueblos que Dios le dé oportunidad.
4. El evangelista debe afirmar que Dios ama a todas las personas, pero sin la fe en Cristo, están bajo el juicio de Dios y destinado para al infierno.
5. El evangelista debe entender que el corazón del mensaje bíblico es la buena noticia de la salvación de Dios, que viene por la gracia mediante la fe en el Señor Jesucristo resucitado y su muerte expiatoria en la cruz del calvario por nuestros pecados.
6. La predicación de los evangelistas debe tener en cuenta la urgencia de llamar a todos a la decisión de recibir a Jesucristo como Salvador.
7. La necesidad del evangelista es estar lleno y ser controlado por el Espíritu Santo, porque él dará testimonio del Evangelio de Jesucristo, porque sólo Dios puede salvar a los pecadores del infierno y traerlos a la vida eterna.
8. El evangelista debe reconocer su responsabilidad como siervo de Dios para llevar una vida de santidad y pureza moral, sabiendo que debe ser ejemplo de Cristo a la iglesia y al mundo.
9. El evangelista debe tener una vida de oración regular y fiel sin faltar el estudio de la Biblia, que es esencial para nuestro crecimiento espiritual personal y para tener poder para ministrar en el ministerio.
10. El evangelista debe ser fiel mayordomo de todo lo que Dios le da, y debe rendir cuentas a los demás en cuanto a las finanzas del ministerio, y ser honesto en la presentación de los informes de estadísticas.

11. La familia del evangelista es una responsabilidad dada por Dios, y es un deber sagrado que debe mantener fielmente para poder ministrar a otros.

12. El evangelista es un regalo para la iglesia, y debe esforzarse siempre para llevar a cabo su ministerio con el fin de edificar la iglesia.

13. Los evangelistas deben tratar de hacer arreglos para el cuidado espiritual de los que son salvos bajo su ministerio, para alentarlos a identificarse con el cuerpo de Cristo conformado de creyentes en la iglesia local, y tratar de dar instrucción para todos los creyentes para compartir el Evangelio.

14. El evangelista debe compartir la profunda preocupación de Cristo por los sufrimientos personales y sociales de la humanidad, y debe aceptar su responsabilidad como cristiano y como evangelista para ayudar a aliviar la necesidad humana.

15. El evangelista debe motivar el Cuerpo de Cristo para unirse en oración, el ayuno, y la evangelización para cumplir la Gran Comisión, hasta que Cristo regrese.

La Biblia dice en Marcos 16:15: "Id por todo el mundo y predicad el evangelio a toda criatura". ¡Predique a Cristo! ¡Predique a Cristo! ¡Siempre predique a Cristo!

Capítulo 23

El Concepto de Trabajar Juntos en Equipo en Evangelismo

- La Biblia nos enseña que dos son mejor que uno, y cuando trabajamos juntos, o nos reunimos en equipo, podemos hacer mucho más. (Eclesiastés 4:9-12, Mateo 18:19-20, Levítico 26:8, Deuteronomio 32:30, Hechos 1:14, Hechos 2:1, 41-47, Hechos 4:24-33)

- Una gran evangelista pensaba que el evangelista no debe salir solo, porque Jesús los envió de 2 en 2 (en equipo). Cuando trabajamos juntos en equipo, podemos hacer mucho más. Trabajar juntos o en equipo habrá más poder, protección, ánimo, multiplicación de su esfuerzo.

- El Señor Jesucristo, quien es el gran evangelista, tenía un equipo evangelístico trabajando juntos para predicar el Evangelio. (Lucas 9:1-2, Lucas 10:1-2, Marcos 3:13-14)

- Moisés desarrolló un equipo de liderazgo para supervisar a Israel. (Éxodo 18:17-25)

- Necesitamos trabajar en equipo en la preparación, en la campaña, y en el seguimiento a los recién convertidos, bajo el liderazgo del evangelista.

- El evangelista y las iglesias necesitan trabajar juntos. El trabajo en equipo puede lograr grandes cosas para el Señor. Cualquier hombre que critica a los evangelistas, que los difama, y que desanima a las iglesias en cuanto a apoyarse en el trabajo de los evangelistas está destruyendo el progreso del cristianismo. La Biblia dice que el cuerpo de Cristo es edificado por los evangelistas. ¡Tenemos que tener evangelistas! Un siervo de Dios no debe criticar a otros evangelistas, ni a pastores, ni a misioneros, tampoco a las iglesias, etc. También debe evitar escuchar la crítica de otros evangelistas, pastores, misioneros, e iglesias, etc. Debemos amarnos unos a otros, orar unos por otros, preferirnos unos a otros, y someternos unos a otros. Jesús nos mandó a amarnos unos a otros.

- El evangelismo revive, renueva, alienta, perfecciona, y edifica a las iglesias.

- El evangelista es como un entrenador o jefe en un evento evangelístico para dirigir, guiar, y mandar. El evangelista debe ser el líder del evento evangelístico.

- En la Biblia existe un orden de autoridad, posición, y liderazgo, y los evangelistas están antes de los pastores y los maestros. (Efesios 4:11-12) En la iglesia, el pastor es el líder, pero en una campaña evangelística, el evangelista es el líder. En el pasado los evangelistas eran los encargados de las campañas evangelísticas, como D.L. Moody, Billy Sunday, etc. Cuando hay armonía, entendimiento, y un espíritu de equipo, todo funcionará. En base a la Biblia y según la historia, los evangelistas deben ser los líderes de los eventos, campañas, y cruzadas evangelísticas.

- En el pasado, muchas iglesias trabajaban juntos para alcanzar a las multitudes. Estas iglesias tenían reuniones de oración y ayuno en diferentes partes de la ciudad antes de que el evangelista llegara. Dios bendijo el plan de trabajo, la oración en equipo, estando unánimes en un mismo espíritu, y hubo millones de almas salvas.

- En los deportes vemos que al trabajar en equipo, tienen mucho éxito en los resultados que esperan. También en el ejército, cuando ellos trabajan o pelean unidos, pueden tener la victoria.

- En la familia, la iglesia, negocios, gobiernos, etcétera, debemos trabajar en equipo para ser exitosos. Siempre hay liderazgo o posiciones en un equipo, pero debemos trabajar juntos para tener éxito.

- En una campaña evangelística, hay un líder principal: El evangelista. También hay otros líderes como son los pastores, además de las personas de la iglesia o de las iglesias, que trabajan en equipo, juntos, unánimes, para alcanzar a otras personas para Cristo.

- El Señor Jesucristo, el gran Evangelista, tenía un equipo evangelístico de 12 personas que Él mandó de dos en dos para preparar, ministrar, y evangelizar en su entorno. (Lucas 9:1-6) Luego, Jesús mandó a 70 para hacer el ministerio. (Lucas 10:1-2)

- Pablo era un apóstol, pero su ministerio era ser un evangelista. Él tenía un equipo evangelístico, conformado por Timoteo, Tito, Lucas, Bernabé, y otros. Algunas iglesias están enviando equipos misioneros, en base a este ejemplo que encontramos en la Biblia; porque al trabajar en equipo encontraremos poder, protección, ánimo, multiplicación de su esfuerzo, y más.

- Evangelistas como Moody, Sunday, y otros tenían equipos evangelísticos para trabajar juntos para alcanzar almas preciosas para Cristo. También los evangelistas trabajan juntos con pastores e iglesias, para alcanzar a millones para Cristo. Este es el plan de Dios de trabajar juntos, unánimes, o en equipo para Cristo.

- Para llegar a ser un líder exitoso, es necesario multiplicar esfuerzos y conseguir que otras personas se involucren, capacitando a esas personas para trabajar con un mismo sentir. Jesús trataba de alcanzar a otros, pero también pasó tiempo especial con los discípulos que terminaron trastornando al mundo entero. Ellos fueron de impacto a este mundo porque ellos habían estado con Jesús, y porque Jesús invirtió en ellos. Tenemos que ayudar a las personas a hacer todo lo que puedan hacer para Cristo. Entonces necesitamos multiplicar nuestro esfuerzo y nuestra influencia, invirtiendo en ellos para engrandecer al Señor.

- Un gran líder se da cuenta de que hay poder mayor cuando trabajamos juntos para un propósito. Un gran entrenador tiene que conseguir que el equipo trabaje en conjunto para tener éxito en los resultados que espera. La Biblia dice: "Porque donde están dos o tres congregados en mi nombre, allí estoy yo en medio de ellos". (Mateo 18:20) Uno podría perseguir a mil, pero dos harán huir a diez mil. La Biblia dice: "Mejores son dos que uno; porque tienen mejor paga de su trabajo". (Eclesiastés 4:9) Hay poder mayor en estar de acuerdo y en trabajar juntos.

- La Biblia dice: "Donde no hay dirección sabia, caerá el pueblo; Mas en la multitud de consejeros hay seguridad". (Proverbios 11:14) Cuando están trabajando juntos, tomando grandes ideas y consejo, hay seguridad, hay prosperidad, y éxito. La Biblia dice: "Porque con ingenio harás la guerra, Y en la multitud de consejeros está la victoria". (Proverbios 24:6) La Biblia también dice: "Los pensamientos son frustrados donde no hay consejo; Mas en la multitud de consejeros se afirman". (Proverbios 15:22) Debe tomar en cuenta que un evangelista es responsable delante de Dios como un pastor es responsable delante de Dios. Entonces, ¿cómo es que recibe un evangelista o un pastor consejo? Bueno, yo creo en los versículos que se mencionan anteriormente, donde mencionan que en la multitud de consejeros es donde un evangelista o un pastor recibe consejo, y también es bueno recibir consejo en la multitud de consejeros para todos los cristianos. Por ejemplo, un evangelista puede tener una multitud de consejeros que lo conformen otros evangelistas, pastores, líderes, y otros que pueden darle consejo; el Espíritu Santo puede guiar al evangelista a través de este multitud de consejeros para hacer una decisión. Esto aplica en muchas áreas de nuestras vidas en donde necesitamos consejo. En la multitud de consejeros hay seguridad.

- Cualquier equipo evangelístico debe tener un líder. Entonces, en una campaña evangelística eso es correcto y es bíblico. Además históricamente el evangelista ha sido el líder y guía de los pastores e iglesias en la campaña evangelística para alcanzar a muchas almas.

- Dios ha usado a evangelistas para trabajar con iglesias para enfatizar ganar almas personalmente y realizar evangelismo masivo para predicar el Evangelio a toda criatura.

- Cuando trabajamos unidos en equipo, podremos hacer cosas grandes y poderosas para Dios, porque en la unidad hay fuerza, ayuda, y victoria trabajando en equipo. Entonces, decida trabajar en equipo para ser de impacto al mundo para Cristo.

Capítulo 24

Los Grandes Planes para los Evangelistas

La Biblia dice: "Pero tú sé sobrio en todo, soporta las aflicciones, haz obra de evangelista, cumple tu ministerio". (2 Timoteo 4:5)

El Señor nos ha mandado a hacer el trabajo de evangelista. Yo soy evangelista, y el deseo de mi corazón es alcanzar a la gente para Cristo. Estoy convencido de que tenemos que levantar un ejército de evangelistas para salir y predicar el Evangelio. Yo creo que el Señor quiere que vayan evangelistas a cada iglesia, porque los evangelistas son una parte importante en el plan de Dios. Quiero pedirles de manera personal que oren para que Dios levante a más evangelistas. Creo que si pudiéramos tener cien evangelistas, podríamos fácilmente alcanzar a un millón o dos millones de personas para Cristo en un año. Si contamos con 300 evangelistas, podríamos alcanzar a millones y millones de personas para Cristo. Pero tenemos que orar diciendo: "Dios, levanta a más evangelistas". Tenemos que creer, confiar y tener en estima a los evangelistas que son hombres de Dios. Así como un pastor es responsable delante de Dios, también un evangelista es responsable delante de Dios. El evangelista es muy importante según lo que la Biblia nos enseña. Nosotros tenemos que considerar tener más evangelistas. Deseo compartirle algunos grandes planes para quienes deseen ser evangelistas.

Necesitamos urgentemente más evangelistas que salgan y prediquen el Evangelio, para de esa manera edificar el cuerpo de Cristo para la obra del ministerio, para alcanzar más almas para Jesucristo, y para tener un gran avivamiento. Muchos de los grandes avivamientos que se han dado a través de la historia fueron por el trabajo y obra de los evangelistas, los cuales tenían el fuego de Dios en sus vidas y predicaban causando un gran impacto para Cristo. Necesitamos a más evangelistas. Le compartiré algunos proyectos o actividades que un evangelista puede realizar en su ministerio.

Es importante que usted tenga entrenamiento para entrenar personas que deseen ser evangelistas. En el pasado ha existido entrenamiento para entrenar a ser evangelistas, instruyendo a las personas a aprender lo que es un evangelista y sobre cómo debe realizar el trabajo de un evangelista. Creo que es importante enfatizar el trabajo que realizan los

117

evangelistas. Si deseamos tener más evangelistas, entonces debemos enfatizar sobre el tema. Usted puede enseñar a su gente sobre el llamado, la carga y el cumplimiento de llevar a cabo la Gran Comisión.

Le comparto algunas sugerencias para cumplir con la evangelización: Un evangelista puede realizar en dos o tres días, clubes en diferentes áreas de su ciudad, y luego ir dos o tres días a otras áreas diferentes de su ciudad. Conozco un buen amigo: el Evangelista Marco Turriza. Él es evangelista a los niños. Él realiza clubes de cinco días, realizando actividades del club en el mismo lugar durante cinco días. Planearlo de ésta manera es maravilloso, y estoy a favor de realizarlo así; mas quiero animarle a realizar los clubes en sólo dos o tres días en un área y luego hacerlo en otras diferentes áreas para alcanzar a más personas para Cristo. En lo personal prefiero tener un club de evangelización una sola vez en un área y realizar entre 6 y 10 clubes en diferentes áreas en un día, y al día siguiente realizarlo en áreas diferentes, tomando en cuenta que así podré alcanzar a muchas más almas para Cristo.

El plan de trabajo que yo he hecho consta de formar un grupo de once estudiantes, y tratamos de realizar de 6 a 10 clubes al día en diferentes áreas. Cada club ha dado como resultado una asistencia en promedio de cien personas, aproximadamente. Entonces, si realizamos diez clubes en un día, entonces podríamos predicar el Evangelio a más de mil personas. Nosotros lo hemos hecho muchas veces. Hemos alcanzado a miles de personas para el Señor Jesucristo.

Considere la siguiente pregunta: "¿Cómo puedo alcanzar a más gente para Cristo?" Puede usar algunos recursos como: disfraces, juegos, actividades, etc., que le faciliten y le ayuden a realizar sus programas en los clubes. Busque ideas de cómo puede alcanzar a más gente.

Algunos recursos que le pueden ayudar son los siguientes:
- Megáfonos (altavoces) para salir y anunciar el evento
- Payasos. A muchas personas en México les gustan los shows con payasos.
- Un drama, una obra de teatro, etc.

Usted puede hacer muchas cosas diferentes para alcanzar a la gente para Cristo. Usted puede hacer que escuchen acerca del Señor Jesucristo.

Le recuerdo que si tuviéramos cien evangelistas cumpliendo su ministerio, podríamos alcanzar a millones de personas para Cristo. He mencionado que: "Un club promedio tiene, más o menos, cien personas en asistencia". Entonces, si un evangelista puede realizar dos o tres clubes en un día, se podrían alcanzar a multitudes para Cristo. Por ejemplo, si un evangelista puede alcanzar cincuenta personas salvas en un día a través de clubes, en el transcurso de realizar los clubes cinco días a la semana, tendría como resultado 250 personas salvas por semana; aproximadamente tendría a más de diez mil personas salvas al año. Usted pudiera tener los días lunes libres, y también, pudiera tener dos meses libres para viajar de lugar a lugar, o planear algunas otras actividades que usted desee. Tome en cuenta que un evangelista, sólo por hacer dos o tres clubes por día, tomando en cuenta un promedio aproximado de cien personas en asistencia, entonces podría tener al menos cincuenta personas salvas por día; significa alcanzar a más de diez mil personas al año. ¡Es impresionante!

Si cien evangelistas alcanzan a diez mil personas para Cristo al año cada uno, estamos hablando de tener un millón de personas salvas en un año. Si trescientos evangelistas alcanzan a diez mil personas para Cristo al año, estaríamos considerando que serían tres millones de personas salvas en un año. Si un evangelista, con sólo ganar almas personalmente, gana a treinta personas al día a Cristo, en un año va tendrá diez mil novecientos cincuenta personas salvas. Usted debe creer que éstos resultados son posibles.

¡Esto es muy emocionante! Tome en cuenta lo siguiente: Un evangelista que trabaja cinco días a la semana, realizando dos o tres clubes en un día, puede tener al menos un aproximado de cien personas salvas cada día. Significa tener quinientos salvos a la semana, lo que lleva a tener más de veinte mil personas salvas en un año (siendo exactos serían veintiséis mil). Si tomamos en cuenta que hay viajes y diferentes asuntos diversos, así que si tomamos en cuenta el tiempo de descanso que ellos necesitan, entonces habría un aproximado de 20,000 personas salvas por año.

Ahora, piense en esto: Si cien evangelistas cumplen con su trabajo, tendríamos dos millones de almas salvas por año, considerando que los evangelistas podrían tener los días lunes libres. Si trescientos evangelistas hagan esto, habrá más de seis millones de personas salvas por año. Amigo, en base a éstos resultados nosotros podremos alcanzar a millones de personas para Cristo, si contamos con cien o con trescientos evangelistas. Creo que Dios puede hacer mucho más. Los evangelistas deben predicar en las iglesias, en los colegios, y en conferencias sobre el tema de ganar almas, animando a la gente y enseñándoles a ser ganadores de almas eficaces. Además deben animar a más personas para rendir sus vidas al servicio de Dios de tiempo completo.

Se pueden realizar rallies evangelísticos (o campañas evangelísticas). Considero que son actividades que algunos de ustedes conocen; también usted puede considerar tener un toro mecánico y añadirlo en el programa de la campaña. También usted podría conseguir una resbaladilla y algunos inflables. Usted puede considerar realizar sus rallies y campañas con éste tipo de recursos. Cuento con un castillo, inflables, juegos de mesa, etc., y podemos juntos trabajar en equipo para tener a cientos, o miles de personas en asistencia que van a tener una oportunidad para aceptar a Cristo como su Salvador. Así que usted podría planear y realizar éste tipo de eventos. Solo piense en las posibilidades que existen de alcanzar a las multitudes para Cristo.

Debemos amar a Dios con nuestro corazón, alma, y mente; pero muchas veces, no estamos amando al Señor con nuestras mentes. No estamos pensando en lo que podemos hacer para alcanzar a otras personas para Cristo. Tenemos que buscar y usar nuestros recursos. Tenemos que pensar: "¿Cómo podemos alcanzar a más personas para Cristo?" Un gran evangelista llamado Jerry Purtell dijo: "Debes ver dónde está la gente, y pensar en alguna manera de alcanzarlos allí mismo". Sólo use su imaginación y piense cómo lograrlo.

Podemos realizar eventos evangelísticos. Se pueden planear especificamente para niños y para las familias, y también puede considerar tener actividades para los jóvenes. Puede tener un ministerio especial para los jóvenes y alcanzarlos para Cristo. Cuando las personas han decidido hacer sorteos en las iglesias, les recomiendo tener artículos para traer a los hombres; por ejemplo; herramientas. Además debe considerar tener artículos para las mujeres como por ejemplo: microondas o bisutería. También debe considerar tener algo para los niños; por ejemplo: juguetes, y además debe considerar tener algo atractivo para los jóvenes; por ejemplo desde celulares hasta computadoras, si es que cuenta con el dinero necesario para adquirirlos. Puede considerar todas estas promociones para su evento. Una promoción que es muy efectiva es la comida; siempre es un buen gancho para atraer a las personas.

Una opción que los evangelistas pueden hacer para alcanzar a más personas para Cristo, es ir a las ferias. Un evangelista iba a las ferias en los Estados Unidos. Tenía una caja donde se podía ver en el interior de ella. En la caja tenía un espejo y tenía unas palabras escritas fuera de la caja que decía: "¿Que te detiene de ir al Cielo?" Entonces la persona al mirar hacia adentro de la caja, se veía a sí mismo en el espejo. Esto es una idea creativa. Usted puede realizar algún recurso con una idea creativa y así alcanzar a más personas para Cristo. Usted puede ir a las ferias y puede predicar el Evangelio. Yo viajé con el Evangelista Jerry Purtell, y él llevaba consigo un video, el cual se trataba sobre los dinosaurios y sobre la inundación y del arca de Noé. Él lo proyectaba dentro de un remolque en la feria. El video tenía una duración de doce minutos, y al terminar la proyección, nosotros presentábamos el Evangelio del Señor Jesucristo, y pudimos ver a cientos y cientos de personas ser salvas. Usted puede considerar hacer cosas similares para alcanzar a más personas para Cristo.

Un evangelista puede ser como Felipe, quien fue evangelista y que predicó en Samaria, y después de su predicación una iglesia se inició en ese lugar. Más tarde, el apóstol Pedro los fortaleció, y el Evangelista Felipe continuó predicando en las demás ciudades. Él tuvo en realidad un gran avivamiento en Samaria; entonces el Señor lo llamó para que hablara con un hombre y para testificarle de Cristo, y aquél hombre fue salvo, y luego el Espíritu le pidió a Felipe que se fuera a otro lugar. Tome en cuenta que él no le dio seguimiento al hombre que había recibido a Cristo. Felipe lo dejó, pero el Señor es el que provee lo necesario para darle seguimiento, y los guarda. La Biblia dice: "Cree en el Señor Jesucristo, y serás salvo". (Hechos 16:31) Nada puede separarnos del amor de Dios. Nosotros creemos en la seguridad eterna del creyente, ¿verdad? Los evangelistas necesitan predicarles a las multitudes.

Creo que tenemos que enseñar a las iglesias para dar seguimiento a los recién convertidos, y las iglesias son de ayuda con el seguimiento al recién convertido. El Evangelista Felipe fue y predicó el Evangelio y se inició una iglesia. Usted puede considerar hacer eso también. Una de las cosas en las cuales pensé al ser evangelista y hemos hecho es ayudar a establecer iglesias. Algunos predicadores jóvenes están listos para graduarse de institutos bíblicos. Un evangelista puede ir con uno de ellos y tener un gran alcance evangelístico, alcanzando a miles de personas para Cristo. Luego este predicador puede ser el pastor de este núcleo, este grupo de nuevos convertidos, esta nueva iglesia, para establecer una iglesia fuerte en ésa área.

Otra cosa que puede hacer es ir a campamentos cristianos y predicar el Evangelio motivándoles a compartir el Evangelio y rendir sus vidas al Señor. Usted podría comenzar su propio campamento. Conozco de un evangelista en los Estados Unidos que tuvo un campamento especial donde se reunieron algunos jóvenes, y él les enseñó cómo realizar clubes bíblicos, y ellos se organizaron e hicieron clubes bíblicos cada día. Ellos alcanzaron a muchas personas para Cristo. Se trató de un campamento para enseñar a la gente para ser mejores ganadores de almas, y luego salieron y alcanzaron a la gente para Cristo. Muchos jóvenes asistieron, y escucharon predicación cada noche. El evangelista no usó recursos especiales para tener diversión. Usted podría considerar predicar así en algunos campamentos. Recuerde que como evangelistas tenemos que dar el Evangelio a la gente. Tenemos que animar a la gente a dar el Evangelio, y hacer que la gente rinda su vida en dar el Evangelio.

También puede realizar eventos evangelísticos y ser de impacto en ciudades enteras para Cristo. Recuerdo cuando fui a las Islas Filipinas, otro evangelista y yo predicamos en las escuelas públicas durante cuarenta días, y alrededor de cuarenta y siete mil personas fueron salvos. Si nosotros predicamos en las escuelas públicas, y otros evangelistas lo hacen en el Centro América y otros en Sudamérica y África y otras partes del mundo, yo creo que veríamos a millones de personas salvas para el Señor Jesucristo. Entonces considere hacer muchas cosas para alcanzar a muchas personas que se encuentran abiertas al Evangelio.

Si usted estudia el libro de Hechos, se dará cuenta de que ellos estaban cumpliendo con el evangelismo personal, pero también estaban realizando un evangelismo masivo. Tenemos que realizar las dos cosas: evangelismo personal y evangelismo masivo. Muchas iglesias se han concentrado solo en la evangelización personal, pero también es necesario realizar evangelismo masivo. Como evangelista, le animo a realizar ambas cosas. Es necesario pensar: "¿Cómo puedo alcanzar a las multitudes para Cristo?" Algunas personas se limitan a tener sólo una reunión en la iglesia, pero yo quiero que ellos vayan fuera de la iglesia para evangelizar. Tenemos que ir más allá. No importa si se trata de un pequeño pueblo o un rancho, debemos tener la visión de ir más allá. Tenemos que alcanzar a la gente con el Evangelio. Jesús dijo: "Ve por los caminos y por los vallados, y fuérzalos a entrar". (Lucas 14:23) Jesús dijo: "Id por todo el mundo y predicad el evangelio a toda criatura". (Marcos 16:15) Tenemos que hacer algo más para dar el Evangelio.

Yo le he hablado sobre proyectar un video en un remolque. Usted podría considerar realizar algo así y entrar en las ferias, y mostrar un vídeo acerca de una tema en particular, por ejemplo: una película de la Creación, (que considero podría ser la especialidad de un evangelista). El evangelista podía enseñar acerca de la Creación, hablando de cómo sucedió la inundación y de cómo los registros de fósiles demuestran la veracidad del hecho y de cómo se formó el Gran Cañón, y de los efectos de la inundación, de cómo se formaron las montañas y de los resultados del Diluvio. Dios creó todo. Dios lo creó a usted, y usted necesita a Jesucristo. Hay muchas cosas que un evangelista puede hacer.

A propósito, un buen recurso que puede tomar es realizar conferencias. Pienso en el ministerio: "Fuegos de Evangelismo" dirigido por el Dr. Elmer Fernández, quien es pastor en Illinois, pero también cumple con el ministerio de evangelista en México y en otros países de habla hispana. Él anima a la gente, a los pastores, y a las iglesias para ganar almas, para ser llenos del Espíritu Santo, y para que la gente se entregue al servicio de Dios de tiempo completo. Las conferencias de La Espada tienen el mismo propósito. ¡Es maravilloso! Me encanta el enfoque que tiene sobre "¡Ganar almas!" y con el énfasis de alcanzar a la gente para Cristo. Debemos tener el enfoque como evangelistas y de predicar el Evangelio. Los evangelistas son predicadores del Evangelio y son de ayuda para equipar a los santos para la obra del ministerio y también para edificar a los santos para que puedan alcanzar a otras personas para Cristo.

Tal vez usted está en condiciones de conseguir una carpa. Actualmente existe un evangelista, llamado Carlos Chacón, quien usa una gran carpa y la pone en diferentes áreas del país para alcanzar a otros para Cristo. Viajé con el Evangelista Dr. Joe Boyd, y aprendí mucho de éste evangelista. Por cierto, sería recomendable para los evangelistas futuros, leer todo lo que puedan de éste evangelista y estudiar acerca de D.L. Moody, John R. Rice, Billy Sunday, y otros grandes evangelistas; deben considerar viajar con otros evangelistas y así aprender el ministerio. Viajé con el Dr. Joe Boyd, y el Señor puso en mi corazón ser misionero aquí en México, y también viajé con un evangelista a las Islas Filipinas y también a la India. Le será de mucha ayuda estudiar todo lo que pueda y aprender de otros evangelistas.

Siempre busque ideas. Usted podría organizar algunos dramas, obras de teatro, show de payasos, etc. Tal vez puede proyectar algún tipo de video. Puede pensar en diferentes recursos para alcanzar a más personas para Cristo. Tome en cuenta sus finanzas. Sólo tiene que utilizar su mente y pensar en cómo puede alcanzar a otras personas para Cristo. Pidamos a Dios ideas.

Usted también puede ir a las iglesias, y puede dar entrenamiento a las personas para ganar almas. Puede enseñarles cada noche sobre cómo ganar almas, salir y hacer un club Bíblico, y también testificar personalmente a las personas después del club. Usted puede ser de ánimo o de influencia para que se involucren y se comprometan en ser mejores ganadores de almas. Tal vez pueda realizar una maratón de ganar almas en el que trabajarán para ver tantas personas salvas en

123

cierto tiempo de un día o algún lapso de tiempo determinado. Piense en cómo entrenar a las personas y a ganar almas y a enseñarles cómo pueden hacerlo. Si está realizando dos o tres clubes un día, entonces puede tomar tiempo para enseñar sobre cómo ganar almas y después salir a ganar almas. Usted puede enseñar sobre avivamiento, también sobre el Espíritu Santo. Puede compartir algunas ayudas para ganar almas, etc.

Una cosa que un evangelista puede considerar hacer es que puede tomar grupos de iglesias y de estudiantes de colegios y trabajar en equipo. Anteriormente le he mencionado la manera en que llevaba conmigo a once personas, y alcanzamos a más de mil personas para Cristo cada día. Lo hicimos por cuarenta días en un verano, y veintisiete días en otro verano. Alcanzamos a mucha, mucha gente para Cristo. Usted puede considerar hacerlo también. Invite y anime a personas que vayan con usted para que puedan aprender. Así usted puede animar a las iglesias y enseñarles a como ser mejores ganadores de almas. También puede entrenar a futuros evangelistas y formar grandes ganadores de almas para el Señor Jesucristo. Jesús entrenó a los discípulos llevándolos consigo.

Utilice su mente, y piense: "¿Cuáles son algunas cosas que puedo hacer para alcanzar a otras personas para Cristo?" Tal vez usted podría usar títeres. A algunas personas les gustan las funciones con títeres. Creo que es mejor salir de la iglesia y usar el recurso en un lugar neutral, como por ejemplo un parque. Saque a la gente de su iglesia y vayan a las calles para que hablen a la gente acerca de Jesús.

Usted podría considerar usar algunos animales para hacer sus eventos. Conozco a un evangelista que lleva consigo un caballo y también un perro que sabe hacer trucos. En alguna ocasión consideré conseguir un chango y llevarlo conmigo en mis viajes y usarlo para atraer a las multitudes. Tal vez usted podría conseguir una gran carpa de circo y organizar un programa de circo cristiano. Tal vez puede llamarlo: "El Gran Evento Para La Familia", o "La Gran Feria de la Familia". Simplemente use todo tipo de recursos para alcanzar a la gente para Cristo.

Utilice su mente; imagine y piense. Pida a Dios que le dé sabiduría, creatividad, e ideas. Recuerdo cuando estaba en el instituto bíblico, había un hombre que venía y saltaba sobre autobuses con una motocicleta. Él hacía todo tipo de acrobacias en una motocicleta. Tal vez usted puede hacer algo así. Piense: "¿Cómo puedo alcanzar a la gente para el Señor Jesucristo?"

Tal vez usted puede ir a predicar en los anexos o los lugares de Alcohólicos Anónimos y usted puede solicitar a iglesias le ayuden a preparar lugares así para que usted ir y predicar. Tal vez usted puede ir a las prisiones y predicar el Evangelio. Usted también puede ir y predicar en los metros, y en los autobuses el Evangelio del Señor Jesucristo. Trate de predicar el Evangelio a la gente en todas partes. Usted quizás podría tener algunos juegos de video y después predicar el Evangelio y de esa manera alcanzar a los jóvenes para Cristo. Usted puede considerar tener un toro mecánico, un torneo de fútbol, una gran competencia de fútbol o de boxeo, etc. Sólo use su mente y piense en las maneras que usted puede alcanzar a más personas para Cristo.

En lo personal me encanta usar ayudas visuales como material de apoyo. Cualquier tema sobre el que usted quiera enseñar, usted puede plasmarlo en ayudas visuales. La gente recuerda más una imagen. Recuerda lo que ve. Tome en cuenta que tal vez las personas no recuerden mucho de lo que usted pueda enseñar de manera audible. Por ésta razón me gusta utilizar visuales cuando estoy dando el Evangelio a las personas. He utilizado una imagen de Jesús en la cruz, o una imagen de un regalo, también una caja de regalo y he explicado cómo recibir el regalo de la vida eterna. Es importante que usted aprenda a usar ayudas visuales para que la gente pueda captar de una manera más eficiente lo que usted está enseñando o predicando.

Sea expresivo con sus acciones y sus gestos. Levante la voz, y baje la voz. Tal vez tenga que hacer una pausa para crear algún efecto. Éstas son detalles para mantener la atención de las personas, y así la verdad del Evangelio pueda cambiar sus vidas. Debe tener en cuenta que el poder no está en éstas cosas físicas, pero usted debe aprender a comunicarse especialmente con los niños, a cómo comunicarse con las personas adultas, y también a comunicarse con los jóvenes. Use gestos para mantener la atención de las personas y usted pueda darles el Evangelio. Todo lo antes le he mencionado usted puede usarlo con el propósito de que las personas conozcan a Jesús como su Salvador. Ese debe ser su enfoque; su enfoque debe ser predicar el Evangelio del Señor Jesucristo.

Otra idea que puede ayudarle es tener una gran tienda. Yo viajé con el Evangelista Dr. Joe Boyd. Durante aquel verano realizamos avivamientos por siete días en diferentes iglesias, y muchas veces hicimos esa tienda y dimos billetes especiales. Al final de la semana, la gente podía comprar algo con el dinero especial que les dimos. Usted podría realizar campañas de ésta forma y usted podría atraer mucha gente.

También puede organizar competencias en la iglesia. Hay tantas cosas que usted puede hacer como: películas, vídeos, torneos de fútbol, etc. Sólo piense: "¿Qué puedo hacer para alcanzar a la gente con el Evangelio del Señor Jesucristo?"

Tal vez usted podría pensar: "¿Cómo puedo predicar el Evangelio en la radio? ¿Cómo puedo animar a las iglesias para predicar el Evangelio en la radio?" Dé el plan de salvación de manera claro y sencillo. Tal vez usted puede usar el internet. Piense: "¿Cómo puedo dar el Evangelio a través del Internet?" Recuerde que el internet es algo que la gente usa, y millones de personas lo utilizan hoy en día. Si usted puede pensar en alguna manera de dar el Evangelio a través de estos tipos de medios, usted podrá alcanzar muchas personas con el Evangelio.

A través de la historia, han existido evangelistas que han organizado conferencias para ayudar a los cristianos para ser mejores ganadores de almas. Los temas principales para dar en conferencias han sido: "Sea Lleno del Espíritu Santo", "Ganando Almas", "La Oración", "La Biblia", "Jesús y Su Cruz", etc." El evangelista era el líder que dirigía y guiaba las conferencias y normalmente era quien cerraba las conferencias, dando las últimas predicaciones.

Los evangelistas han usado muchas cosas para alcanzar a otras personas para Cristo, como por ejemplo: cruzadas evangelísticas, campañas evangelísticas, conferencias, clubes Bíblicos o evangelísticos, predicar en las escuelas, usar videos al aire libre o en tráileres, etc., ministerio de folletos, campamentos diseñados para evangelizar, libros, periódicos, revistas, radio, internet, carpas, películas, estadios, juegos inflables, disfraces, dramas, sketch, títeres, animales vivos como perros o changos, etc., predicar afuera de hospitales, en los asilos de ancianos, en asociaciones como Alcohólicos Anónimos, anexos, eventos evangelísticos; dando como resultado nuevas iglesias. Básicamente cualquier recurso se ha utilizado para dar el Evangelio en diferentes lugares.

Los evangelistas tenían campañas de 2, 3, 5, 7 días o más. También realizaron conferencias o campañas evangelísticas. En sus conferencias, ellos tomaban un tiempo para enseñar a las personas acerca de cómo ganar almas y luego salir a ganar almas.

Los evangelistas ponían mesas de display con tarjetas de oración, o folletos de información, también libros y manuales, DVDs, CDs, y diferentes materiales y ayudas para alcanzar enseñar a la gente de cómo ganar a las personas con el Evangelio. Las tarjetas contaban con la información de contacto como por ejemplo: teléfono, correo electrónico, etc. Los evangelistas tenían éstos recursos en sus campañas para ayudar a las iglesias para ser mejores ganadores de almas.

Algunos temas para las conferencias fueron: "La Espada, Fuegos de Evangelismo, Dios Salve América, Fuegos de Avivamiento, Exalte a Cristo".

Tome en cuenta que los evangelistas con la ayuda de Dios pueden ser dirigidos a especializarse a alcanzar algún grupo en concreto, ya sea a los Judíos o a los niños, así como mi amigo Marco Turriza. Él es un evangelista a niños; ese es su enfoque: Los niños. El apóstol Pedro se dirigió a los judíos, y Pablo fue a los gentiles. Ellos predicaban a todo el mundo, pero escogieron un solo enfoque.

Algunas personas predican sobre profecía. Para otras, su enfoque es comenzar iglesias, por lo que deciden llevar consigo a personas y alcanzan a las multitudes para Cristo; después empiezan una nueva iglesia en ese lugar, siempre tomando en cuenta que su enfoque es predicar el Evangelio.

Hay diferentes opciones en las cuales usted puede concentrarse, y considero que es bueno tener diversidad. El Dr. Jack Hyles una ocasión estaba enseñando sobre cómo ganar almas y lo comparó como ir de pesca, cómo si alguien tiene un gancho para pescar, pero habrá quien podría tener tres o cuatro ganchos; además alguien puede tener una red. De igual manera, podemos tener muchas recursos o pensamientos, inclusive ideas para alcanzar a los demás para Cristo. Piense: "¿Cómo puedo alcanzar a más personas para Cristo? ¿Cómo puedo alcanzar a otros para Jesús?"

Yo creo que debe enseñar a las iglesias y prepararlos de antemano para crear un avivamiento donde alcancemos a las personas para Cristo. Creo que la grandeza no está en la realización de las cosas, sino en la preparación. La única razón por la que no hacemos bien nuestro trabajo, es porque no nos hemos organizado para hacerlo excelente. Debemos fijarnos en cómo trabaja el Señor. Él tomaba en cuenta todos los detalles, y lo vemos por ejemplo en la preparación del arca, en la construcción del tabernáculo, etc. Recuerde que Dios es un Dios de preparación. Así que si vamos a hacer grandes cosas para Dios, tenemos que prepararnos lo suficiente en lo que hacemos.

Como evangelistas, creo que tenemos que preparar a las iglesias para tener programas de discipulado, y tener un plan para enseñarlo a las personas. Aprenda maneras en las que puede dar seguimiento a los recién convertidos y pueda enseñarles. Creo que tenemos que cuidar de los recién convertidos y debemos ayudarles a cómo crecer en la gracia y el conocimiento de Cristo, para que ellos puedan alcanzar a otras personas para Cristo y así puedan también hacer la obra de un evangelista y predicar el Evangelio a toda criatura.

Yo creo esto: "Nada de importancia eterna ocurre aparte de la oración". El Evangelista

D.L. Moody dijo: "Todo gran movimiento de Dios se puede reflejar en una figura arrodillada". Dios escucha y contesta las oraciones, así que tenemos que animar a la gente a orar. Como evangelista, yo creo que sería bueno tener tarjetas de oración y pedir a la gente que ore por usted. Recuerde pedir apoyo financiero para usted para cada mes. Es importante apoyar financieramente a los evangelistas. La palabra "misionero" no está en la Biblia. El concepto de misionero se encuentra ahí, pero yo creo que los misioneros son evangelistas, pastores, maestros, etc. Por esa razón tenemos que apoyar con finanzas a los evangelistas y orar por ellos y ayudarlos. El evangelista necesita apoyo en oración, necesita que la gente esté orando por él. Antes del evento, yo envío un documento que se llama: "Cómo Prepararse para la Llegada del Evangelista" para hacerle saber a la gente: "Esto es lo que hago, y éste es el enfoque". De ésta manera la iglesia puede prepararse y decir: "Queremos aprender del evangelista. Queremos participar con él. Vamos a hacer lo que dice el evangelista, y vamos a orar".

Los grandes evangelistas del pasado tuvieron reuniones de oración antes del evento. Por ejemplo, el gran Evangelista Billy Sunday dijo que tenían muchísimas reuniones de oración antes de sus eventos. Ellos dividieron a la ciudad en grupos, y tenían reuniones de oración en cada pequeño rincón de la ciudad. Ellos oraron y varias personas fueron salvas antes de que el evangelista llegara allí. El evangelista dijo que había tanta oración, que casi cualquier persona pudiera predicar en la campaña y cuando él predicaba la gente sería salva. Dios escucha y contesta la oración. Dios dijo: "Clama a mí, y yo te responderé, y te enseñaré cosas grandes y ocultas que tú no conoces". (Jeremías 33:3)

Tenemos que tener gente orando y ayunando. La Biblia dice: "Si se humillare mi pueblo, sobre el cual mi nombre es invocado, y oraren, y buscaren mi rostro, y se convirtieren de sus malos caminos; entonces yo oiré desde los cielos, y perdonaré sus pecados, y sanaré su tierra". (2 Crónicas 7:14) Una de las maneras en que podemos humillarnos delante de Dios es orando y ayunando. Si las iglesias oran y ayunan antes de que el evangelista llegue allí, y lo hacen durante una o dos semanas, diciendo a Dios: "Dios, usa al evangelista. ¡Usa nuestra iglesia! ¡Salva las almas! ¡Cambia vidas! Ayúdanos a alcanzar a nuestra ciudad y a alcanzar a todo el mundo con el Evangelio", entonces podemos hacer cosas grandes y poderosas para el Señor.

Los evangelistas deben enseñar a las iglesias como ser mejores ganadores de almas. Debe animarles a tener un programa de enseñanza y de entrenamiento sobre ganar almas. Tal vez ellos pueden contar con una guía para los estudiantes y para los maestros y reconocer con diferentes certificados al terminar las lecciones y también organizar una graduación para las personas que concluyen el plan de preparación.

En el programa, usted puede considerar tener algunas sesiones, y utilizar material acerca de cómo ganar almas. Puede contemplar algunas sesiones para practicar compartiendo el Evangelio entre ellos. Luego ellos pueden salir a ganar almas con un maestro o un ganador de almas con más experiencia.

La Biblia dice: "...haz obra de evangelista, cumple tu ministerio". (2 Timoteo 4:5) Jesús dijo: "Id por todo el mundo y predicad el evangelio a toda criatura". (Marcos 16:15) Entonces, hagamos todo lo posible para alcanzar a otras personas para Jesús.

Dios podría usar nuestras ideas para alcanzar multitudes para Cristo. Así que pídale a Dios que le dé sabiduría, que le de creatividad, que le de ideas para alcanzar a otras personas para Cristo. Creo que Dios quiere levantar evangelistas con fuego de Dos en sus vidas para alcanzar a millones de personas para Cristo, pero tenemos que orar por ellos. Tenemos que hacer la obra de un evangelista y predicar el Evangelio del Señor Jesucristo a toda criatura.

Capítulo 25

Plan para Hacer Clubs Evangelísticos o Bíblicos

1. Invitar. Anuncie con ánimo. No use términos religiosos, porque queremos que los inconversos vengan. Recuerde: Invite a toda la familia, no solamente niños, para dar confianza. Hable de las cosas divertidas, como dulces, juegos, sorpresas, superlucha de héroes, refrigerio, etc. Siempre recuerde: Anuncie las cosas divertidas para atraerlos, luego en la predicación quizá dé su testimonio y siempre dé el evangelio, porque el evangelio es el poder de Dios para salvación.

2. Empezar el club. Siempre empiece con emoción y haga que los niños griten. Puede preguntar y decir: "¿Quién quiere dulces?" Divida en dos grupos (niños contra niñas), y grite: "¿Quién va a ganar?"

3. Tenga competencias, como "¡Soy bien loco/loca! ¡Soy bien feo/fea! ¡Soy bien guapo/guapa!" juegos con globos, show de payasos, etc.

4. Juegos – El Rey Pide, carrera de disfraces y/o personas o niños, Oso Goloso (poniendo más y más malvaviscos en la boca – una a la vez, e intentando decir "Oso Goloso"), etcétera

5. Predicación del evangelio – 5 o 10 minutos. Sea claro, sencillo, y vaya a punto. Tal vez puede dar premio al niño y niña que se portan mejor. Siempre recuerde que todos los hermanos deben orar mucho durante la predicación e invitación porque es una batalla espiritual. Entonces todos los hermanos deben estar orando y no haciendo ninguna otra cosa. (Use visuales e ilustraciones para ayudar a la gente entender el evangelio.) **La invitación** – Dé varias oportunidades para aceptar a Cristo – oración para salvación, levantar la mano si usted está aceptando a Jesucristo en su corazón para ir al cielo. Cuente la asistencia, y si es difícil contar las manos levantadas para salvación, haga un aproximado según el porcentaje del grupo que respondió, como 70% o 80% o lo que sea. La idea del porcentaje es basado en Hechos 2:41 y 4:4 que dicen "como tres mil" o como cinco mil." Esto es muy bueno para grupos grandes de 500, mil, 2 mil, 5 mil, etc.

6. Después de la predicación del evangelio:
   - Dé un premio al niño y niña que se portaron mejor.
   - Pelea de disfraces o superhéroes
   - Reparta los dulces (tal vez lluvia de dulces)
   - Lluvia de pelotas
   - El pastor puede invitarlos a la iglesia y/o el Día Especial, y tal

vez despedirles con amor y gratitud por venir.

7. Deles materiales de seguimiento como folletos, Biblias, Juan y Romanos, cursos de discipulado, CDs, etc. Tal vez puede cantar cantos sencillos, memorizar versículos de la Biblia con la gente, y contar una historia misionera.

Capítulo 26

Sermones para Niños

- Sermón acerca de Cristo (visual – látigo y regalo)
- Hombre rico y Lázaro
- La moneda perdida, la oveja perdida, el hijo pródigo
- David y Goliat
- Moisés y el Mar Rojo
- Noé y la arca
- El ladrón en la cruz (el sacrificio de Cristo)
- Zaqueo subió a un árbol para ver a Jesús
- Jesús ayudó la mujer con la pérdida de sangre, y sanó al hombre ciego, Jesús calmó la tormenta
- Jesús alimentó a los 5 mil y los 7 mil.
- "Yo soy ....." de Jesús (Pan de vida, gran Pastor, la Puerta, el Camino, la Verdad, la Vida, la Vid, la Resurrección y la Vida, Luz del mundo)
- La historia de la Pascua (la sangre de Cristo)
- La vida, muerte, y resurrección de Jesús
- El libro sin palabras de colores

Capítulo 27

La Esposa del Evangelista

1. Camine con Dios. Tenga una buena relación con el Señor. Tenga una lista de oración.
2. Sea confiable. Siempre esté allí para su esposo y sea su ayudante.
3. Sea flexible con el horario, los planes, las circunstancias imprevistas, etc.
4. Tenga un espíritu dulce y sumiso. Sométase al Señor y a su esposo en todo. (Efesios 5:22-24, Tito 2:5, Colosenses 3:18)
5. Sea leal a su esposo. La Biblia enseña que él es la cabeza o su líder.
6. Pídale a Dios que le ayude a controlar sus emociones. Lleve cautivo todo pensamiento a la obediencia de Cristo. (Filipenses 4:8-9, 2 Corintios 10:5)
7. Sea un buen mayordomo de su tiempo, talento, y tesoro.
8. No critique, y no juzgue. Sea positiva y alentadora.
9. Esté dispuesto a sacrificarse, a darse a sí misma, a prescindir y a no hacer las cosas a su manera.
10. Dele a su esposo al Señor. Tenga en cuenta que puede tener que estar sola con los niños, tener que prescindir de él, no ver a la familia extendida a menudo. Dese cuenta de que la gente criticará al evangelista y a su familia. Mantenga su enfoque en el Señor Jesucristo.
11. Estudie el ministerio de evangelistas y el evangelismo para saber qué esperar para prepararse para los desafíos y dificultades.
12. Vístase en una manera femenina y profesional, siempre con modestia, porque representa al Señor y a su esposo.
13. Siempre permita que Dios guíe a su esposo. Nunca trate de controlarlo. Él es responsable directamente al Señor.
14. Entrene a sus hijos a amar y obedecer a Dios con todo su corazón, alma, mente, y fuerza.
15. Sea una guerrera de oración para su esposo.
16. Sea una ayudante, amiga, y amante de su marido.
17. Sea una porrista para su esposo. Debe edificar y animar a su esposo, en lugar de que otra mujer lo haga.
18. Sea limpia y ordenada en apariencia. Mantenga su casa limpia y ordenada.
19. Sea una mujer de Proverbios 31 que teme al Señor.
20. Sea rápida para oír o escuchar y lenta para hablar. ¡Controle su lengua!
21. Esté sujeta a su marido como al Señor. (Efesios 5:24)

22. Siempre sea atractiva cuando su esposo llegue a casa del trabajo.

23. Sea una ganadora de almas, lista para dar testimonio de Cristo y repartir folletos en las tiendas donde sea que vaya.

24. Recuerde que nada es demasiado difícil para el Señor. (Lucas 1:37, Génesis 18:14)

25. Glorifique al Señor en todo lo que dice y hace. (1 Corintios 10:31)

Capítulo 28

El Poder de la Oración y el Ayuno

Jesús dijo: "Este género con nada puede salir, sino con oración y ayuno". (Marcos 9:29)

El Salmista dijo: "Afligí con ayuno mi alma". (Salmos 35:13)

Su ayuno de comida puede constar en diversos lapsos de tiempo; significa que usted debe abstenerse de una sola comida, o por un día entero, o 3 días, inclusive 7 días, o también pude ser un ayuno supernatural de 40 días.

Su ayuno también puede ser de abstenerse de dormir y tomar ese tiempo que dedica para dormir en orar, ya sea parte de la noche o puede ser toda la noche.

Tipos de Ayunos:
- Ayuno de abstención de alimento sólido, y solo ingerir agua (Cuando tiene hambre, usted puede beber ocho onzas de agua.)
- Ayuno de Daniel. Éste tipo de ayuno consta de ingerir solamente: jugo de verduras, quizá jugo de fruta, semillas, y nueces.
- Ayuno que consta de ingerir una sola comida el cual usted puede elegir entre: uvas, zanahorias, leche, etc. Puede ser por solo un día o por algunos días.
- Ayuno de 16 horas. Por ejemplo, puede comer desde las 11:00 de la mañana hasta las 7:00 de la tarde, y entonces no debe comer nada (solo beber agua natural) hasta las 11:00 a.m. del día siguiente. Puede hacer esto por un día o por varios días. Esta es una buena opción para personas con salud delicada.
- Ayuno de abstenerse de dormir (por parte de la noche, o toda la noche)
- Etcétera

Capítulo 29

Horario Sugerido para el Día

- ¡Mi horario es mi jefe! Vive por horario.

- 7:00-9:00 Preparación para el día (leer la Biblia, orar, bañarse, afeitarse, desayuno)
- 9:00-11:00 Estudio, oración, trabajo
- 11:00-12:00 Quehaceres, detalles misceláneos
- 12:00-2:00 Visitación, estudio, trabajo
- 2:00-4:00 Comida, tiempo de descansar, caminar con Dios
- 4:00-5:00 Oración
- 5:00-7:00 Preparación, estudio, cena
- 7:00-9:00 Ganar almas, predicación, oración, estudio, entretenimiento, trabajo
- 9:00-12:00 Relajarse, estudio, prepararse para dormir

Ore por poder: 15 minutos por día y quizá una hora después de medianoche cada semana
Vaya a dar el evangelio. (todos los días)

Ideas para libro o lista de oración
- Espíritu Santo, te necesito para glorificar a Jesús. (Pelea por Jesús.)
- Ayúdame a caminar con Dios, vivir por Jesús, predicar a Jesús.
- Dame tu poder, amor, sabiduría y autocontrol.
- Ayúdame a tener fe y confiar en Dios.
- Ayúdame a ser un sirviente, sonreír, tener una actitud buena y ganadora.
- Ore por mi familia.
- Alaba y dale gracias al Señor.
- Ayúdame a orar sin cesar.
- Ayúdame a no temer ni preocuparme, sino confiar en Dios.
- Ayúdame a trabajar duro y darle con todo.
- Ore la Oración del Señor como un bosquejo de oración. (Mateo 6:9-13)
- Póngase la armadura de Dios (Efesios 6)
- Ore por los líderes del país
- Ore por Israel y paz en Jerusalén

- Ore por la iglesia, que Dios envíe obreros, y que almas sean salvas
- Señor, ¡necesito tu gracia!
- Ayúdame a temer al Señor
- Dele gracias y alabe al Señor por su creación, poderosos hechos, y salvación
- Canta himnos o cantos al Señor ("¿Qué me puede dar perdón?", etc.)
- Dios, ayúdame a glorificar al Señor Jesús en todo lo que yo digo y hago.
- Ayúdame a recordar que "Todo lo puedo en Cristo que me fortalece", "Porque para mi, el vivir es Cristo", y "Nada hay imposible con Dios".
- Etcétera, etcétera.

Capítulo 30

Un Soldado o Siervo para Cristo Cuida de sí Mismo

En Romanos 12:1, la Biblia dice: "Así que, hermanos, os ruego por las misericordias de Dios, que presentéis vuestros cuerpos en sacrificio vivo, santo, agradable a Dios, que es vuestro culto racional".

Algunos consejos prácticos e importantes que puede llevar a cabo:

1. Camine con Dios a través de la oración, de leer la Biblia, y de ganar almas.

2. Debe humillarse a través de la oración y del ayuno. (Santiago 4:10, Salmos 35:13, Marcos 9:29, 2 Crónicas 7:14)

3. Su vestimenta debe ser para representar al Señor Jesucristo.

4. Coma bien y saludablemente.

5. Evite bebidas dañinas como refrescos, alcohol por supuesto. Mejor beba mucha agua y bebidas naturales como té, sin mucha azúcar o puede emplear sustituto de azúcar que sea natural.

6. Considere tomar vitaminas, hierbas, y minerales para proteger y cuidar su cuerpo.

7. Haga ejercicio. Una buena idea para comenzar a hacer ejercicio es por lo menos cada día dedicar 12 minutos de ejercicio vigoroso o intenso como correr, o usar una caminadora, caminar rápidamente, también entrenamiento de fuerza, etc.

8. Descanse bien. Intente dormir de 7 a 8 horas cada noche. Quizá tome una siesta de 10 minutos, 30 minutos o una hora cada tarde, si su horario es un horario muy pesado.

Capítulo 31

Como Tener un Ministerio Exitoso

La Biblia dice en Proverbios 3:5-6: "Fíate de Jehová de todo tu corazón, Y no te apoyes en tu propia prudencia. Reconócelo en todos tus caminos, Y él enderezará tus veredas".

El Señor quiere ayudarle y guiarle en cada área de su vida.

1. **Tenga un sueño.** Las grandes personas que impactaron la historia han tenido un sueño, han tenido una visión, y han trabajado muy duro para hacer algo maravilloso.

   - Sea un milagro para Dios. Sea algo que causa que la gente diga: "Dios se muestra a través de ese hombre. Dios está sobre él. La mano de Dios está sobre su vida". Haga algo que la gente piensa que es imposible.

   - Debemos orar: "Dios, dame sabiduría. Dame ideas. Dame un sueño para que yo pueda impactar el mundo para Cristo".

2. **Tenga el deseo a cumplir su sueño.** Es un deseo ardiente. Tiene que suceder. Tengo que hacerlo. No voy a vivir si no se cumple. Debemos tener un deseo que nos consuma y desearlo con todo lo que tenemos y no dejar de perseguirlo.

3. **Haga una decisión.** No espere como muchas personas lo están haciendo. Decida: "Yo lo haré". Tome una decisión definitiva para hacer el trabajo.

4. **Atrévase.** Atrévase a hacerlo. La Biblia dice: "Pero sin fe es imposible agradar a Dios". (Hebreos 11:6a) Entonces, hay que atreverse y creer y confiar en Dios. ¿Por qué no sale usted del barco? ¿Por qué no confía en Jesús para hacer cosas grandes y poderosas? Ya es hora de que creamos en

139

Dios para hacer grandes cosas. Debemos atrevernos a hacerlo. Debemos dar un paso de fe y creer en el Rey de Reyes y Señor de Señores. Sólo atrévase a hacer algo grande para Dios.

5. **Tenga dedicación para hacerlo.** Dedíquese a cumplirlo. La Biblia dice: "Todo lo que te viniere a la mano para hacer, hazlo según tus fuerzas". (Eclesiastés 9:10) Dé todo lo que tiene para hacerlo. Ame a Dios con todo su corazón, alma, mente y fuerza. Entréguese completamente al Señor. No haga provisión para el fracaso. Usted decida que va a tener éxito, sin importar lo que pase. Dedíquese a la causa. ¡No renuncie!

6. **Tenga dirección.** Tenemos que mantenernos en el camino correcto. Permanezca firme. No deje que nada le cambie. No deje que nada le aparte de lo que va a hacer. No deje que las decepciones, angustias, o problemas le distraigan de permanecer fiel a lo que hay que hacer.

7. **Tenga devoción para hacerlo.** Debemos tener una devoción apasionada por Cristo y para hacer algo en este mundo. Dese por completo a ello. Voy a hacerlo. Yo lo haré. Tengo que hacerlo. Tengo una devoción por ello. Usted puede tener éxito si se entrega a ello. Tenga una devoción apasionada para darse a usted mismo por completo para hacerlo. Diga: "¡Yo tengo que hacerlo!"

Coca-Cola tiene una devoción ardiente de poner en las manos de cada persona en el mundo una Coca-Cola. ¿Usted y yo tenemos esa clase de devoción de llevar el evangelio del Señor Jesucristo a toda criatura?

Me pregunto si vamos a tener un sueño que nos consuma con un deseo ardiente y tomar una decisión y ser atrevidos y dedicados con una dirección que nunca vacilemos y una devoción apasionada a glorificar al Señor Jesucristo. No importa el trabajo que tenga que hacer, dese completamente para glorificar a Cristo. Haga todo con el propósito de alcanzar almas para Jesús. ¡Tenemos que hacer todo lo posible para alcanzar a otros para Cristo!

Capítulo 32

¿Cómo Tener un Exitoso Programa de Misiones?

*Por favor tome nota: Estas son solamente ideas para ayudarle a tener una buena conferencia misionera y buen programa misionero en su iglesia. No está comprometido a hacer cada uno. Sólo haga lo que el Señor le guíe a hacer.

(Un misionero puede ser un evangelista, pastor, maestro, o ganador de almas.)

Tenga una Conferencia Misionera Anual.

1. Establezca una fecha definida para tener una conferencia misionera.
   - El tiempo ideal del año es el mes de mayordomía.
   - El mes de enero puede ser un buen tiempo para el mes de mayordomía puesto que es el comienzo de un año nuevo.
   - Tenga lecciones de escuela dominical relacionadas con la mayordomía, el dar, el diezmo, y la promesa de fe en el programa de la iglesia por un mes antes de la conferencia.
   - Predique sermones en los domingos que dirijan a la gente a darse sí mismos para servir.
   - Tenga estudios bíblicos que les dirija su presupuesto personal y el familiar. Enséñeles a cómo administrar sus finanzas.

2. Busque un tema y use un versículo bíblico para la conferencia misionera.
   - "Hasta lo Último de la Tierra" Hechos 1:8
   - "A las Ciudades y Pueblos Más Allá" Mateo 9:35
   - "Somos Colaboradores" I Corintios 3:9
   - "Para que el Mundo Conozca" Juan 17:23
   - "Así También, Yo Os Envío" Juan 20:21
   - "Por Tanto, Id" Mateo 28:19
   - "A Toda Criatura" Mark 16:15
   - "Heme aquí, Envíame a Mí" Isaías 6:8
   - "Porque de Tal Manera Amó Dios Al Mundo" Juan 3:16
   - "A las Regiones Más Allá" Hechos 1:8
   - "Enviando Obreros" Mateo 9:38
   - "Por Todo el Mundo" Marcos 16:15

3. Busque un predicador para que predique en su conferencia.
   - Escoja a un predicador que explique adecuadamente el dar a la promesa de fe para misiones.

- Que sea un predicador que predique e inspire a su gente a que se involucre a apoyar a los misioneros.
- Que sea un predicador que predique con fuego, compasión y sinceridad. Si no hay fuego en el pulpito, no habrá respuesta en las bancas.

4. Cite a las familias misioneras que usted quiere que asistan a la conferencia.
- Decida cuántas familias misioneras estarán presentes, considere cuántas puede atender y probablemente apoyar – probablemente 2-3, o las que usted piense que el Señor le guíe a tener.
- Programe a las familias misioneras de seis a doce meses con anticipación, o si es posible con más tiempo.
- Averigüe todos los detalles a la hora de programarlos.
    o Información personal: nombres, edades, cumpleaños, aniversario de bodas y cuántos estarán viniendo.
    o Planes de viaje: fecha y hora de llegada, fecha y hora de salida.

5. Haga la conferencia misionera de primera clase.
- Decore la iglesia, especialmente el auditorio, de acuerdo al tema un mes antes de la conferencia.
- Comience a tomar ofrendas designadas para los gastos de viaje de los misioneros y para las ofrendas de amor a lo menos 4 semanas antes de la conferencia. Claro, esto depende en el tamaño y el potencial de su iglesia; quizá necesite más tiempo.
- Incluya en el presupuesto anual de la iglesia el gasto de viaje del predicador invitado y otros gastos de conferencia.
- Entre dos a tres meses antes de la conferencia, arregle el hospedaje para el predicador especial y los misioneros.
- Tenga a miembros de la iglesia dispuestos a proveer hospedaje en sus casas o en hoteles. Además, provea comidas preparadas de manera higiénica y con agua purificada, así como algo para tomar para los misioneros y el predicador especial. Quizá pueda tener una comida cada noche en la iglesia para el pastor, el predicador especial, y los misioneros.
- Regalos y cosas qué hacer para el predicador especial y las familias misioneras:
    o Tarjetas telefónicas pre-pagadas
    o Cassettes o CDs y libros
    o Canasta de regalo de comida, fruta, y botanas
    o Juguetes para los niños

oReparaciones de auto, llantas, cambio de aceite, alineación, etc.

oLavado de auto

oTenga algo preparado para que las damas y las niñas puedan arreglarse el cabello o hacerse la manicura y la pedicura.

oLleve a los varones y los niños al peluquero.

oPermítales ir al Closet Misionero para que tomen lo que necesiten. (Un Closet Misionero es un closet o cuarto en la iglesia donde los miembros han puesto en donación ropa en buenas condiciones, comida de lata de buena calidad y otros artículos de buena calidad que los misioneros puedan ver y cuando pasen por la iglesia puedan tomar lo que puedan usar).

oCómpreles vestidos a las damas y a las jovencitas.

oCómpreles trajes a los varones y a los jóvenes.

oLlénele el tanque de gasolina al carro del misionero antes de que salga del área.

oY claro, una ofrenda de amor.

oPiense en otras cosas que usted pueda hacer para ser una bendición a los misioneros.

- Por lo menos 2 meses antes de la conferencia, pídale a los misioneros que le envíen por escrito algunas de sus necesidades y pídale usted a Dios que ponga en alguien el deseo de ayudar y cumplir a esa necesidad durante la conferencia.

- Programe un tiempo en el horario para que las esposas de los misioneros den un testimonio a las damas y señoritas. Quizá pueda ser el sábado en la tarde entre 6:00 p.m. y 7:30 p.m. Puede llamarse: "Mujer de Dios," "Joyas Preciosas," "Una Tarde de Gracia," o "Una Tarde de Encanto."

- Pídale a la gente que comience a orar por la conferencia misionera 2 semanas antes de que comience. Dígales que le pidan al Señor que les hable al corazón acerca de lo que Él quiera que se comprometan a dar. Dígales que oren por cada familia misionera.

- Lea cartas de oración de los misioneros, enseñe en las clases de escuela dominical y que gente de testimonios acerca del dar a la promesa de fe, esto dos semanas antes de la conferencia misionera. Prepare el corazón de la gente para la conferencia misionera.

- Tenga un tiempo de ayuno y oración semanas antes del inicio la conferencia.

- Antes de que el predicador especial y los misioneros lleguen para la conferencia, decore sus cuartos bonito. Ponga una tarjeta de bienvenida con algo de dinero para gastar, su número de teléfono y de su asistente. Quizá también una canasta de regalo con comida, frutas y botanas.

- Haga arreglos para que el predicador especial tenga un carro o asígnele un chofer para la semana.
- De una invitación para la gente, que sea ganadores de almas en su propia área, o misioneros a lugares extranjeros y cumplan la voluntad de Dios en sus vidas.
- Planee viajes misioneros para el pastor y/o grupos de la iglesia para que visiten un campo misionero cada año si es posible. Incluya en el presupuesto fondos anuales para el viaje del pastor al campo misionero.
- Mantenga el progreso del dar para la promesa de fe en frente de la iglesia cada semana. Use una gráfica de barra o muestre en el boletín las cantidades de dónde deban estar y el ingreso actual.
- Ayude a los misioneros en diputación a ser contactados con otras iglesias proveyéndoles información necesaria, recomendaciones o hasta ayudarlos a hacer citas con iglesias donde usted crea que puedan ser de bendición para ellos.
- Incluya la ganancia de almas como parte de la conferencia, quizá diariamente. Acomode horas para que miembros de la iglesia puedan ir a ganar almas con los misioneros.
- Planee actividades y clases que provean la interacción de las familias misioneras con todos los grupos de edades de la iglesia.
- Pídale a los jóvenes que escriban cartas de agradecimiento por el trabajo de los misioneros.
- Lleve a los misioneros a lugares interesantes de su ciudad.
- Posiblemente pueda tener una comida internacional con comida de diferentes países – y una vez más, en una manera higiénica. Haga decoraciones para cada mesa de acuerdo al país que represente.
- Dé un premio para el 1ero., 2do., y 3er. lugar que traiga más visitantes durante la conferencia.
- Supla las necesidades de los misioneros.
  - Dos semanas antes de la conferencia, averigüe todas las necesidades personales de cada uno y los deseos de cada familia misionera. Escríbalas y páseselas a su gente dos semanas antes de la conferencia. También puede ponerlas en una lista en el pizarrón de anuncios para que la gente pueda pasar y marcarse para algún artículo ya que lo haya comprado.

oTenga una noche de "Misionero, Nosotros Le Amamos," o "Noche Misionera Navideña." Pase a los misioneros al frente de la iglesia. Tenga una silla bonita para la esposa del misionero, que los niños se acomoden en el suelo, y que el esposo esté de pie. Agradézcale por su sacrificio, exprésele su amor, y dígales que "Nosotros," la iglesia, quisiéramos cumplir con algunas de sus necesidades en sus vidas. Mientras algún canto se toca, que los miembros de la iglesia pasen y presenten sus regalos. Música especial: "Gracias por darte al Señor"

oTenga un Grupo de Apoyo Misionero en su iglesia. Este grupo puede reunirse una vez al mes y puede ser un buen servicio para las hermanas. Pueden mandarles cartas a los misioneros en el campo con el tema llamado: "Abrazos desde Tu Patria." Pueden leer las cartas de oración de los misioneros y orar por ellos.

oLa ofrenda entera de la Escuela Dominical en diciembre puede ser designada para los misioneros.

- Tenga un espacio en cada servicio de la conferencia donde los misioneros puedan hacer algo. Por ejemplo: dar un testimonio, predicar, cantar, presentar sus diapositivas. Otra idea es tener a todos los misioneros haciendo algo pequeño en cada servicio de las cosas ya mencionadas.

6. Use tarjetas de compromiso durante su conferencia.
   - Pase estas tarjetas dos semanas antes y durante la conferencia.
   - Explíquelas cuando las pase y también cada noche durante la conferencia.
   - Recójalas el último día de la conferencia.

Tenga un Programa Misionero en su iglesia.
1. Haga lo de misiones y los misioneros algo especial en su iglesia.
2. Ponga información más resaltante de las cartas de oración de los misioneros en el boletín.
3. Que cada semana los niños den ofrenda en la iglesia para misiones (iglesia, escuela dominical, culto infantil, etc.)
4. Que los niños oren por un misionero cada semana en su clase.
5. Que la gente tome tarjetas de oración o nombres y ore por los misioneros regularmente. Por ejemplo, pueden orar por el poder de Dios, Su protección, provisión, etcétera para los misioneros.
6. Saque copias de las cartas de oración de los misioneros, grápelas, y déselas a los miembros de su iglesia una vez al mes.

7. Lea de 1 a 2 cartas por lo menos una vez a la semana en los servicios de la iglesia.

8. Ponga fotografías y cartas de oración de los misioneros en las paredes de la iglesia (Salón de la Fe)

Resumen: Recuerde. Estos misioneros son siervos escogidos por Dios, embajadores de Dios por Cristo, y lo que usted haga para ellos, usted lo está haciendo como para el Señor. El Señor dice que cuando usted bendice a Sus siervos, Él le bendecirá a usted. ¡Haga su mejor para Cristo!

Capítulo 33

Excelentes Ideas para Días Grandes o Especiales

Una Gran Manera para Empezar una Iglesia o Hacer Crecer una Iglesia:

Los evangelistas, pastores o líderes pueden empezar iglesias o hacer crecer iglesias, haciendo campañas evangelísticas por cuatro semanas consecutivas en diferentes partes de una ciudad y las afueras, y teniendo una reunión o culto cada domingo de estas cuatro semanas. Cuando hace clubs o eventos evangelísticos en diferentes áreas de una ciudad, puede alcanzar a muchas almas, y luego puede tener un buen núcleo de personas en la nueva iglesia. Creo que Dios bendice cuando alcanzamos muchas almas, y Él va a hacer crecer su iglesia.

Para los cuatro cultos de los domingos especiales de la campaña evangelística, puede llevarlas a cabo en un lugar neutral (como un campo grande – quizá debajo de una gran lona o carpa, un estadio, un salón de eventos o un lugar con un gran techo. Debe ser un lugar neutral y grande donde toda la gente pueda llegar y caber.) Si el lugar donde va a empezar la nueva iglesia es suficientemente grande, puede hacer los cultos allá. Pero llevarlo a cabo en un lugar neutral remueve obstáculos y muchas veces puede atraer más gente.

Para los cuatro cultos, puede tener grandes promociones cada domingo, porque la gente va a venir para las cosas divertidas. Luego, cuando la gente está allá, la predicación del evangelio (que es el poder de Dios para la salvación) hace la diferencia en sus vidas. Pero las personas son nuevas; entonces es mejor tener cuatro domingos especiales para que ellas puedan conocerles unos a otros. Así la gente puede tener más costumbre, amistad y comodidad para quedarse en la iglesia.

Aquí hay algunas ideas para los cuatro domingos especiales. Siempre recuerde dar comida a los adultos y jugar con los niños. ¡Anuncie, anuncie, anuncie! Debe repartir por lo menos 10 mil invitaciones. Quizá sería mejor repartir 30 mil invitaciones. Recuerde promover las cosas divertidas y familiares en las invitaciones, NO los términos religiosos. Tal vez puede poner un croquis o mapa para ayudar a la gente llegar. Ponga posters en los postes, tiendas y otros lugares populares. Anuncie en los periódicos, el radio, la televisión, internet, etcétera.

El primer domingo: "El Gran Evento Familiar" Puede tener un gran sorteo familiar. Le recomiendo tener cosas para el sorteo para hombres (como herramientas, motos, televisores, carros, etcétera), mujeres (bisutería, trastes, microondas, aparatos para la cocina, planchas, etcétera), jóvenes (celulares, videojuegos, televisores, computadoras, tablets, aparatos electrónicos, etcétera), y niños (juguetes, muñecas, bicicletas, videojuegos, etcétera).

El segundo domingo: "El Súper Domingo para los Niños". Puede tener varios juegos inflables, un toro mecánico, juegos divertidos y de obstáculos, juguetes, bicicletas, artículos para deportes como pelotas, etcétera, bolsas de dulces, nieve, palomitas, quizá otro sorteo para los niños, etcétera. Tal vez sería bueno tener un sorteo de despensas para traer a las madres, los padres y toda la familia.

El tercer domingo: "El Gran Buffet Familiar". Puede tener comida como carne asada, tamales, pollo, pizza, macarrón y queso y ensalada para las personas saludables, etcétera. Puede tener diferentes tipos de postres (¡Amén!), como pay, nieve de todo tipo, pastel, etcétera. Quizá puede tener un sorteo de despensas este domingo, también.

El cuarto domingo: "El domingo de Jesucristo". Puede dar regalos como Biblias, Nuevos Testamentos, Juan y Romanos, CDs de música cristiana o predicación, cursos de discipulado, etcétera.

Cuando hace campañas evangelísticas en toda la ciudad y las afueras, teniendo cuatro domingos especiales como estos, y por supuesto aplicando los detalles que mencioné, puede tener un buen núcleo de personas que va a quedar en la iglesia. Siempre recuerde: Nuestro deber es alcanzar las almas preciosas, y Dios va a edificar la iglesia.

Ideas Generales

- Una clave en tener cualquiera promoción es estar emocionado acerca de ella. ¡Sea entusiasta!

- Puede tener clubes bíblicos con disfraces, lecciones, juegos, etc. Es bueno decorar el área con globos y tener un refrigerio para cada niño. Muchas personas han sido salvo a través de ellos.

  o Búsqueda de Tesoro – poner monedas envueltas en papel en un campo; todo lo que los niños encuentren, les pertenece.
  o Domingo (o Día) de Cumpleaños – tener pastel y helado para todos; un bolo para cada niño.
  o Domingo (o Día) de Navidad – un bolo y/o regalo para niño. (Si usa regalos, tal vez puede tener regalos para niños y otros para niñas.)
  o Guerra de Agua – con globos de agua en un campo. Se da un globo lleno de agua a cada niño, y hay otros globos en el suelo, y al empezar, los niños pueden tirar sus globos y luego usar los globos en el suelo. Una buena regla es que los globos no se deben tirar a las cabezas de los niños.
  o Piñatas – es bueno tener una para niños de 6 años hacia abajo, y otra para niños de 7 años hacia arriba.
  o Rifa – es muy bueno tener algo para hombres (como herramientas), mujeres (como joyas baratas o cosas para la cocina como licuadoras, etc.), jóvenes (como MP3, funda para celular, celular, tocador de CDs, etc.), y niños (como juguetes). También funciona muy bien rifar despensas.
  o Domingo de Jesús – dar Biblias, Juan y Romanos, dar planes de salvación para compartir con sus amigos.

o Puede dar peces dorados, pollitos, o juguetes.
o Puede dar un paquete de 6 Milky Way a la persona que trae más visitantes.
o Se puede usar una tabla con globos (adentro de los globos hay un papel con un cantidad de dinero escrito en él); se tira dardos, y el globo que quiebra, la persona recibe la cantidad de dinero que dice el papel. Se puede usar como premio para trabajadores que traen visitantes, o se puede usar para todos.
o Tal vez puede tener un evento con una competición de futbol, o luchas, o toro mecánico, etc. con diferentes colonias participando, o solamente dividir la gente en grupos.
o "La Gran Tienda de Cambio" – los niños puede ganarse billetes especiales durante la semana o campaña (por venir, traer su Biblia, traer visitantes, etc.), y en el último día puede gastar sus billetes especiales en una tienda en la iglesia que tiene dulces, juguetes, etc.
o Tener domingos especiales – "Domingo de la Familia," "Domingo Chino," "Domingo del Oeste," "Domingo Hawaiiana," etc., etc. Cada domingo especial debe tener un nombre. El nombre del domingo debe tener que ver con el tema para el día.
o "Domingo del Amigo" – cada persona en la iglesia invita y trata de llevar por lo menos un amigo(a) a la iglesia.
o "Superlucha" – una lucha entre, por ejemplo, Spiderman y Batman.
o "La Gran Fiesta Familiar" o "El Gran Rally Familiar" o "El Gran Evento Familiar" o "Fiesta Navideña"– Una idea es que puede tener un evento especial en un viernes o un sábado u otro día (tal vez un domingo), en un campo o lugar muy conocido y fácil de encontrar, para alcanzar a mucha gente por Cristo. Puede ser de 11 a.m. a 3 p.m., o tal vez de 12 p.m. a 4 p.m. Puede usar los inflables por una hora o 1½ horas, y entonces tener una rifa y un culto corto para dar el evangelio, y luego hacer lo mismo otra vez. O puede hacerlo de 1-4 o 2-5 p.m. y solo tener 1 culto. Muchas personas han sido salvas a través de este tipo de evento. Puede tener juegos inflables, otros juegos, comida, una rifa, etc.
o Casa de susto – tener una casa de susto (o campo o túnel), y después decir algo como: "¿Cuál fue el tema de la casa de susto? Sí, la Muerte. Todos debemos estar preparados para la muerte". Y después dar el plan de salvación, y una invitación para aceptar a Cristo.
o Puede tener un día especial para honrar a diferentes oficiales – policías, bomberos, maestros de escuela, etc.
o Puede rentar caballos para que la gente los monte. (Un obrero siempre debe guiar al caballo en todos partes.)

- o Puede rentar un chango o un tigre.
- o Puede tomarse una foto de cada familia, y dársela el domingo después.
- o Puede ir a un lugar de Go-carts.
- o Use payasos.
- o Use títeres.
- o Puede ir a un zoológico después del culto.

- **<u>Tenga un maratón de ganar almas</u>** – 24 horas de ganar almas en solo 2 días. (También se puede hacer por un tiempo de 6 horas o 8 horas o más o menos tiempo.) Imagínese lo que Dios pueda hacer con algo así! Este es emocionante!

Como hacerlo:

1) Puede empezar en una mañana y terminar el próximo día en la noche. Al terminar, es bueno tener un tiempo de testimonios y comida.
2) Debe ir a las áreas con mucha gente; tal vez departamentos, plazas, parques, afuera de escuelas, eventos deportivos, etc., etc.
3) Empiece con un curso muy breve de cómo ganar almas. Debe darles un papel o tarjeta con el plan de salvación en una manera sencilla, para que las personas puedan usarlo para ganarles a otros a Cristo.
4) Mientras están en camino al lugar donde tienen planeado en ir, manténgase alerta para ver grupos de otras personas para ganarles a Cristo, también.
5) Es bueno poner un ganador de almas con más experiencia con otra persona que no tiene mucha experiencia; también es bueno tener una persona muy emocionada acerca de ganar almas con cada grupo.
6) Todos deben anotar las personas salvas, y las que quieren ir a la iglesia.
7) En el fin de cada día, tenga un tiempo de testimonios – nada negativo.
8) Anuncie el número total de gente salva, y ¡dele a Dios la gloria!

- La comida siempre es una buena promoción, y se puede combinar con una de las otras ideas.
  - Hot dog para cada persona
  - El taco más grande del mundo – muchos tacos, uno después del otro, en una mesa muy larga o en el piso sobre papel aluminio. Cada persona puede comer una parte.
  - Carne asada
  - Helado
  - Pizza y refresco
  - El "Banana Split" más grande del mundo. Se necesitan mucho helado, plátanos, y jarabe de chocolate (de Hershey's) y/o de otros sabores (como fresa). Se puede hacer en muchos platos pequeños, el

uno después del otro (la misma idea que el taco más grande del mundo) en el piso o el suelo.

Diferentes ideas:

- La iglesia puede tener un tiempo de 40 días de oración y ayuno donde diferentes personas se comprometen a orar y ayunar por diferentes días por 40 días antes del evento evangelístico. Trate de involucrar todas las personas de la(s) iglesia(s) porque Dios escucha y contesta la oración.
- Puede hacer algo diferente cada día en una campaña de ganar almas – un día ir de puerta a puerta, otro día predicar en una plaza, otro día predicar en los autobuses, otro día ir a un lugar con mucha gente y repartir muchos folletos en las calles, etc.
- Puede dividir la iglesia en dos equipos (NO recomiendo usar "hombres contra mujeres." Es mejor tener equipos con hombres y mujeres en cada equipo {matrimonios juntos}, o tener los jóvenes contra los adultos) y tener una competencia para traer más visitantes; el capitán del equipo que pierde tiene que besar a un puerco, o el equipo que gana puede afeitar el pelo de la cabeza del pastor u otra persona.
- Puede tener premios para los obreros – por ejemplo, un premio por traer 5 visitantes, etc. Puede dar Biblias, CDs, etc.
- El evangelista puede predicar a los niños al empezar el culto mientras los adultos tienen sus cantos y anuncios. Entonces, el evangelista puede ir y predicar a los adultos mientras los niños tienen sus cantos y juegos de repaso, etc.
- Como premio por los trabajadores o por los visitantes, puede dar tarjetas de regalo para Wal-Mart, tiendas, restaurantes, etc.
- Es bueno tener cosas para decorar la iglesia para el tema que le corresponde para el día – por ejemplo, globos, letreros, disfraces, etc.

Planee todos los servicios de predicación que sean posible donde el evangelista pueda predicar – lugares al aire libre, escuelas, universidades, cárceles, fábricas, bases militares, lugares de negocios, el ayuntamiento, oficinas de gobierno, estaciones de policía, estaciones de bomberos, eventos deportivos como los juegos de futbol, diferentes clubs u organizaciones como Alcohólicos Anónimos, asilos, hospitales o cualquier otro lugar que se le ocurra. Esto es porque por lo general se tienen que hacer reservaciones o citas con mucha anticipación para poder hablar en estos lugares. Necesitamos demostrar denuedo, convicción, determinación, poder, sabiduría, confianza y valentía así como la actitud de expectación y entusiasmo al acercarnos a las personas con las que hagamos una cita. ¡Ellos necesitan lo que nosotros tenemos para ellos!

- Se puede dar un premio para el niño y adulto que se porten mejor durante la predicación. Se puede dar 10 pesos por niño, y 20 pesos por adulto, u otra cosa que quiera dar.
- ¡Sea observador! ¡Si alguien está saliendo del evento, dele un folleto con el evangelio o testifíquele!
- Para tener un buen evento, alimente a los adultos y juegue con los niños.

Otras ideas para alcanzar personas

Ideas para reuniones juveniles
(12-21 años)
- Ore por creatividad

  - Pizza, refresco, conos de nieve, algodón de azúcar
  - Fútbol americano
  - Paintball
  - Tirar de la cuerda
  - Voleibol
  - Soccer
  - Toro mecánico
  - Resbaladilla
  - Escalar montaña
  - Bungee
  - Rally de demolición
  - Competencia de fútbol soccer
  - Acrobacias con motocicletas
  - Decoración con un tema
  - Obras de teatro
  - Haga que "llueva"
  - Tenga pláticas sobre la presión grupal, drogas, etc.
  - Rociar agua en la cara
  - Luchas
  - Luchas de sumo
  - Viaje a los cenotes o pirámides
  - Rifas por un iPod, celular, computadora, bisutería, herramientas
  - Pantalla grande con video juegos

- Tenga una plática con un atleta cristiano
- Vayan a las preparatorias para promocionar las actividades
- Testimonios de adolescentes – como Cristo cambió sus vidas
- Invitar a jóvenes de otras iglesias, un grupo hace crecer al grupo y pueden ser consejeros.
- Tengan adultos responsables como chaperones
- Hablen de los pros y contras del sexo antes del matrimonio, bebida social, drogas, prostitución, pornografía
- Blitz bus – un grupo de adolescentes de la iglesia se bajan y rodean a adolescentes que no son salvos y les convencen de ir a las actividades
- Casa del terror
- Vayan a la feria y usen la creatividad para invitar a las personas a aceptar a Cristo como Salvador

Ideas para alcanzar a los adultos

- Ore por creatividad

Hombres
- Desayuno con los hombres
- Oración y desayuno
- Cacería
- Taller de mecánica
- Cómo comenzar su propio negocio
- Retiro matrimonial
- Programa de adicciones, como Reformadores Unánimes
    - Alejarse de lo malo y reemplazarlo con lo bueno
    - Memorizar la escritura sobre la tentación
- Cómo manejar las finanzas
- Clases de pintura
- Construcción
- Inglés
- Fútbol soccer
- Cómo mejorar su vida íntima (sólo para matrimonios)

Mujeres
- Clases de cocina
- Clases de belleza

- Clases de uñas
- Desayuno para damas
- Como ser una buena esposa y mamá
- Sociedad misionera de mujeres
- Retiro matrimonial
- Programa de adicciones como Reformadores Unánimes
- Consejería gratis
- Curso de computación

Niños

- Club bíblico – básicamente lleva a su escuela dominical o a su escuela juvenil a la calle o un parque.
- Dulces, pastel, nieve, el _____ (taco, nieve, hot dog, etc,) más grande del mundo, refrescos, pizza, diferentes comidas, juguetes, premios, juegos, juegos inflables, refrigerio, juegos dinámicas o de competición, payasos, disfraces de superhéroes o personajes, lluvia de dulces y/o pelotas, bicicletas, peces dorados o de colores, pollitos, piñatas, ir a un zoológico, parques de atracciones (para más ideas, vea la sección para jóvenes arriba)

Mejoras para el edificio de la iglesia, patio, etc.

- De vez en cuando mire su edificio y pregúntese: "¿Qué puedo hacer para mejorarlo?"
- Pintar la iglesia
- Cortar el pasto
- Mejorar los baños: espejos, jabón, papel de baño, toallas para secarse las manos, más tazas de baño, poner cosas automáticas (jabón, toallas, lavabos)
- Poner pavimento o grava en el estacionamiento
- Nuevo letrero para la iglesia
- Remodelar
- Ventiladores
- Aire acondicionado
- Decorar
- Grupos de canto uniformados
- Uniforme (chaleco y corbata) para ujieres o gafete con nombre
- Si es posible, bancas acojinadas

✓ A veces usted tiene usar lo que tiene, pero debe intentar mejorar lo que tiene.

Capítulo 34

Ejemplo de Carta Dirigida a las Iglesias en el Asunto de Evangelistas

Estimado Pastor _____,

Quiero preguntarle acerca de algo muy importante. Como evangelista, he viajado en todo el país, alcanzando almas preciosas para el Señor Jesucristo. Pero he recibido muchas invitaciones, y hay mucho por hacer. Dios ha puesto en mi corazón la necesidad de levantar más evangelistas para ir por todo el mundo y predicar el evangelio. Por supuesto, necesitamos más pastores y misioneros, pero nos faltan evangelistas. Creo que para levantar más evangelistas, necesitamos enfatizar el llamado y el trabajo del evangelista. Estoy pensando que si podemos levantar 100 o más evangelistas, podemos alcanzar miles y millones de personas por Cristo.

Por ejemplo, esto es solamente una idea de lo que se puede hacer:

Ahora, un club Bíblico tiene un promedio de más o menos 100 personas en asistencia. Entonces si un evangelista puede hacer 2-3 clubes por día, podemos alcanzar a multitudes para Cristo.

- Si un evangelista alcanza 50 personas por el Señor por día a través de clubes 5 días por semana = 250 salvos cada semana, que lleva a más de 10,000 salvos por año (13,000) (con los lunes libres)
- 100 evangelistas alcanzando 10,000 por año = 1 millón salvos por año
- Si 300 evangelistas hacen esto = 3 millones salvos por año
- Solamente por ganar almas personalmente, 30 salvos por día = 10,950 salvos en un año

- ¡Esto es emocionante!: Un evangelista trabajando 5 días por semana, 2-3 clubes por día, puede, creo, alcanzar por lo menos 100 personas por día = 500 salvos por semana = más de 20,000 salvos por año (26,000)
- 100 evangelistas haciendo esto = 2 millones salvos por año (con los lunes libres)
- Si 300 evangelistas hacen esto = 6 millones salvos por año

También tengo más ideas que podemos hacer.

Entonces si podemos levantar por lo menos 100 evangelistas, podemos alcanzar a millones de personas en el futuro.

He pensado, ¿Qué podemos hacer para ayudar en levantar más evangelistas? Usted tiene un muy buen instituto. Me gustaría ayudarle a enfatizar el llamado y la obra del evangelista, enseñando y predicando. Mi único deseo es levantar más evangelistas, también dar ánimo a todos para hacer la obra del evangelista. Tal vez puedo llevar un grupo de 11 estudiantes conmigo en un viaje evangelístico por 7-10 días cada año, ayudando algunas iglesias que usted quisiera que ayudemos. Creo que estos viajes pueden darles a sus estudiantes más deseo y corazón para evangelismo.

Yo creo que con la ayuda del Señor, podemos levantar más de 100 evangelistas, alcanzando multitudes para Cristo.

Por favor déjeme saber lo que piensa y cómo podemos proceder.

Que Dios le bendiga ricamente y le use en una manera más grande para dar el evangelio.

Sinceramente en Cristo,
Evangelista Darrell Ratcliff
Filipenses 4:13

Capítulo 35

Carta de Confirmación de Campaña – Ejemplo 1

Estimado Pastor _____,

Estoy anticipando estar con usted y su iglesia el _____, __ al __ de _____ del __.

Aquí está alguna información que es muy importante leer lo más pronto posible para prepararnos para tener un gran evento para el Señor. (Tal vez unas cosas no van a aplicar, pero la mayoría sí.) Es muy importante leer esos documentos 2 o 3 veces para entenderlos bien. Si usted tiene alguna pregunta o duda, puede contactarme por correo electrónico, que usted ya tiene, o por teléfono. (Telcel – # Movistar – #)

Para los volantes, usted puede añadir el lugar, la fecha, y la hora debajo de la foto. Debe ser fácil, porque está en Microsoft Word. La página 2 es el plan de salvación que debe ponerse en la parte de atrás de cada volante.

Puede usar estas tarjetas para registrar a la gente, o puede usar el programa de Microsoft Excel en una computadora.

Creo que sería bueno tener una meta de 1,000 personas o más en asistencia porque estamos trayendo todo el equipo, la iglesia debe orar mucho y trabajar muy duro para la gloria del Señor Jesucristo.

Por favor, mándeme un correo o llámeme para dejarme saber que usted recibió esta información, porque es muy importante para la preparación.

Que Dios le bendiga. Estamos anticipando y orando para que muchas almas sean salvas por causa de este evento.

Sinceramente en Cristo,

Evangelista Darrell Ratcliff
Filipenses 4:13

Carta de Confirmación de Campaña – Ejemplo 2

Estimado Pastor _____,

Estoy anticipando estar con usted y su iglesia el _____ de _____ del _____.

Le estoy mandando algunos documentos que le ayudarán a preparar por ese tiempo. Es muy importante leer esos documentos. Por favor, mándeme un correo corto para dejarme saber que ya los recibió.

Si usted tiene alguna pregunta o duda, puede contactarme por correo electrónico, que usted ya tiene, o por teléfono. (Números de teléfono)

Que Dios le bendiga.

Sinceramente en Cristo,

Evangelista Darrell Ratcliff
Filipenses 4:13

Capítulo 36

Carta de Agradecimiento para los Pastores - Ejemplo

Estimado Pastor _____,

Fue una gran bendición estar con ustedes para el Día Grande. Gracias a Dios por todas las almas que fueron salvas durante este tiempo.

Quiero agradecerle por toda su generosidad y por el hospedaje brindado en este departamento, por la comida, por su ayuda en arreglar y soldar partes de mi remolque, por revisar mi camioneta, y por la generosa ofrenda de amor que nos dieron.

También quiero confirmar para el próximo año. Parece que hay dos posibilidades para estar allá. Podría ser _____ o _____. ¿Cuál prefiere usted?

Una vez más, agradezco todo su amor y su generosidad que nos mostraron. Que Dios le bendiga ricamente y que le use en una manera más grande para alcanzar a más personas con el Evangelio de nuestro Señor Jesucristo.

Sinceramente en Cristo,

Evangelista Darrell Ratcliff
Filipenses 4:13

Capítulo 37

Reporte General

Evento: _____

Nombre de iglesia: _____
Nombre de pastor: _____ Correo electrónico:_____
Dirección: _____
Ciudad: _____ Estado: _____
Números telefónicos: _____ _____
Instrucciones para llegar:

<u>Resultados</u>: Asistencia ____ Almas salvas ____ Bautismos ____ Tiempo Completo____

Fecha	Culto	Grupo	Título de predicación:	Chistes

Capítulo 38

Carta de Oración (Ejemplo #1)

Queridos hermanos en Cristo: Junio / Julio 2015

Muchas gracias por orar por este ministerio. Muchos de ustedes saben que uno de los deseos de mi corazón es tomar un grupo de jóvenes de buenos institutos bíblicos aquí en México para viajar conmigo para ayudar a las iglesias en las campañas evangelísticas de vez en cuando. Este verano Dios bendijo y me dio el privilegio de tomar algunos estudiantes conmigo por como 24 días. Cada 3 o 4 días estuvimos en una iglesia diferente, así que ayudamos 6 iglesias durante los 24 días. Todos los días estábamos haciendo algo para alcanzar a otros para Cristo. Salimos a ganar almas, y la mayoría de los días hicimos varios clubes evangelísticas, así como cultos especiales con las iglesias.

Los pastores y las iglesias estaban tan emocionados y entusiasmados mientras nosotros trabajábamos con ellos para alcanzar a una gran cosecha de almas para la gloria del Señor Jesucristo. ¡Verdaderamente la mies es mucha, pero los obreros son pocos! Ahora, porque la escuela estaba en sesión, a veces fuimos justo afuera de las escuelas cuando los estudiantes estaban saliendo y los reunimos para predicar a Cristo, y algunas veces nos permitían ir adentro de las escuelas y predicar el Evangelio. Mis amigos, Dios nos dio Su poder, Su amor, y Su sabiduría, y gloria al Señor, literalmente miles de personas confiaron en Cristo como su Salvador durante este tiempo. ¡A Dios sea toda la gloria! Gracias por ayudarnos a hacer esto posible.

También estamos viendo a la gente rendir sus vidas para hacer el trabajo de un evangelista, y otros están entregando sus vidas para ser evangelistas de tiempo completo. Sabemos que la Biblia enseña que los evangelistas son dados a la iglesia *á fin de perfeccionar a los santos para la obra del ministerio, para la edificación del cuerpo de Cristo."* (Efesios 4:12) Por favor, continúen orando con nosotros para que 300 evangelistas con fuego sean levantadas para predicar a Cristo a las multitudes, ayudar a comenzar y edificar iglesias, levantar más siervos de tiempo completo, y entrenar a las iglesias a ser ganadores de almas más eficaces para la gloria de Cristo.

Por favor ayúdenos a orar por el siguiente:
- Que Dios nos dé Su poder, protección, y provisión para nuestra familia y ministerio
- Que más iglesias se involucren en ayudarnos a alcanzar la gente de México
- Que Dios nos use de una manera más grande para ver almas salvas y vidas cambiadas

Dios les bendiga por trabajar con nosotros a través de su amor, oraciones, y apoyo para alcanzar una cosecha de almas para el Señor Jesucristo.

Sinceramente en Cristo,
Evangelista Darrell Ratcliff
Filipenses 4:13

Capítulo 39

Carta de Oración (Ejemplo #2)

Queridos hermanos en Cristo: Junio/Julio 2012

Muchas gracias por orar por nuestro ministerio. Uno de los deseos de mi corazón ha sido llevar a un grupo de jóvenes de un buen instituto Bíblico de aquí en México y viajar conmigo para ayudar a diferentes iglesias tener campañas evangelísticas de vez en cuando. Una vez más este verano, Dios me bendijo y me dio el privilegio de llevar 11 estudiantes de la ciudad de México conmigo por 40 días. Ayudamos como 11 iglesias en ese tiempo. Cada día hacíamos algo para alcanzar a otros para Cristo. Tuve un matrimonio joven conmigo, así como 5 jóvenes y 4 señoritas. Ellos trabajaron muy duro para el Señor. Fuimos a ganar almas. La mayoría de los días tuvimos varios clubes bíblicos, así como servicios especiales con las iglesias. Las iglesias estaban muy emocionadas por lo que Dios hizo. Después de terminar el viaje, los jóvenes estaban muy cansados, pero creo que todos expresaron lo bendecidos que habían sido al ver lo que Dios hizo a través de ellos para alcanzar preciosas almas para Cristo. ¡Gloria al Señor! Literalmente miles de personas confiaron en Cristo como su Salvador durante este tiempo. ¡A Dios sea la gloria! Gracias por ayudarnos a hacer esto posible.

Recuerdo que durante este tiempo mientras viajaba con los estudiantes, estuvimos en San Luis Potosí y dividimos el grupo para poder trabajar con más personas de la iglesia. El plan era que cada grupo pudiera hacer 5 clubes por día y que cada club tuviera una asistencia promedia de 100 personas para así tener a más de 1,000 personas que escucharan el evangelio cada día. El Señor bendijo y logramos hacer esto varios días en San Luis, así como en otras partes de México a donde viajamos.

Cerca de Aguascalientes algunos pastores estaban preocupados por encontrar suficientes áreas para que pudiéramos tener tantos clubes; así que les dije: "Si ustedes saben de ranchos o pueblos pequeños cerca donde les gustaría alcanzar a otros pero no han podido, podemos ir ahí y alcanzar a muchas personas para el Señor Jesucristo. Así después ustedes pueden tener seguimiento con las personas y tal vez hasta pueden comenzar una iglesia o misión ahí". El Señor bendijo de manera maravillosa. No fue raro que en los ranchos con cerca de 700 u 800 personas que vivían ahí tuviéramos entre 150 a 300 personas asistiendo al evento. Así que gran número de personas escucharon el evangelio y recibieron folletos con el evangelio durante la campaña. Los pastores estaban muy emocionados al ver como las personas eran abiertas al evangelio y dijeron que iban a regresar a ayudar a esas personas a crecer en gracia y en el conocimiento de Cristo.

Mis amigos, las palabras no pueden expresar lo agradecidos que estamos por todo su amor, sus oraciones, y apoyo. Ustedes están haciendo una diferencia. Que Dios les bendiga.

Sinceramente en Cristo,
Darrell Ratcliff
Filipenses 4:13

Capítulo 40

Detalles acerca de Realizar Viajes en el Verano con el Evangelista Darrell Ratcliff

A continuación le comparto algunos detalles para realizar los eventos con éxito. Es mi oración y deseo que le sea de ayuda:

- Meta: 1,000 personas salvas por día (Realizar de 6 a 10 clubes por día, ayudará para alcanzar esta meta.)
- El viaje se realiza por fe; significa que no habrá pago garantizado para los estudiantes. Si alguna iglesia le concede al Evangelista Ratcliff una ofrenda de amor, él se lo dará al tesorero o encargado del equipo, y él será quien la divida entre todos los estudiantes.
- Responsabilidades de los pastores que serán anfitriones:
  - Proveer hospedaje y comida para el grupo evangelístico.
  - Encontrar los lugares adecuados donde realizar los clubes, tomando en cuenta que se necesitarán para 6 a 10 clubes por día
  - Proveer dulces y juguetes para los clubes (Si está en condición de proveerlos sería una gran ayuda, pero no es necesario)
- Si el anfitrión pudiera proveer para los obsequios para promoción, sería de mucha ayuda.
- Durante el viaje, en general por las mañanas, se utilizará el tiempo para descansar y para pasar tiempo con Dios. El Evangelista Ratcliff planea salir para empezar a invitar para el primer club a las 10:00 o 11:00 a.m. (Éste horario puede estar sujeto a cambios, dependiendo de la situación del entorno.)
- Los clubes considerados para más capacidad de personas, normalmente se llevan a cabo por las tardes o por las noches; esté listo para trabajar hasta muy tarde.
- Se deben realizar 6 a 10 clubes por día (excepto el día domingo). El grupo se podrá dividir si la iglesia dispone de más trabajadores para hacer más clubes.
- Nos quedamos de 2 a 3 días en cada iglesia, o posiblemente 4 días si estamos allí un domingo.
- Piense en unos dramas y juegos divertidos para llevarlos a cabo en los clubes. El Evangelista Ratcliff provee de varios disfraces y botargas para usar, además cuenta con unos cuantos altavoces. Para el ahorro de la

compra de pilas, el Evangelista Ratcliff cuenta con pilas recargables y necesita de un muchacho que sea responsable y se encargue de recargar las pilas cada noche.

- Se solicita que el primer y el último lugar debe realizarse cerca del D.F., para viajar unas pocas horas. Los lugares más lejanos deben ser planeados regionalmente, para planear no viajar muy lejos entre iglesia e iglesia.

- Detalles físicos y médicos a considerar del Evangelista Ratcliff:
    - Problemas con su estómago:
        - Él no consume mariscos, carne de puerco, ensaladas, o cualquier comida que tenga chile.
        - Sugerencias para ofrecerle de comer: pollo, arroz (no muy condimentado), huevos, carne asada, o puede recomendarle un buen restaurante de la zona.
        - Puede ingerir bebidas como: agua purificada embotellada de buena marca (sin sabor)

    - Algunas referencias para el hospedaje del evangelista:
        - Debe ser limpio y tranquilo.
        - El pastor anfitrión puede sugerir o recomendar un buen hotel para el evangelista; el Evangelista Ratcliff está dispuesto a pagar su estancia.

- Cuando anuncie o invite a las personas de la zona para que asistan a los clubes, no lo anuncie como: "Club Bíblico" o como "predicación de la Palabra de Dios" inclusive no mencione la palabra: "Evangelista." Mejor anuncie el evento como: "Toda la familia está invitada para venir al Gran Evento o al Gran Show". Normalmente las personas son perdidas, tienen creencias incorrectas, y no tienen mucho interés en algo que tenga que ver referente a la Biblia. Es más probable que vengan si promueve las cosas y actividades divertidas; después el Evangelio entra en su corazón y hace la diferencia.

- Horario para realizar los clubes:
    - Ir al área a donde se llevará a cabo el primer club.
    - Tiempo para visitar e invitar a las personas para el club, aproximadamente de 15-30 minutos.
    - Realizar el club.

- Realizar algo divertido para entretener a la gente mientras llegan más personas.
- El Evangelista Ratcliff da la predicación y da la invitación a las personas para confiar en Cristo como su Salvador personal.
- Tal vez se puede enseñar un versículo y un canto, además de tener un Gran Show (Dar promoción – súper lucha, show, dulces, refrigerio, regalos, etc.)
  - Después debe invitar a la gente para asistir a la iglesia; usted puede decirles: "Hacemos esto porque ustedes nos importan".
  - (Tenga alguna promoción para motivar más a las personas para asistir a la iglesia y puedan disfrutar de la súper lucha, del show, del sorteo o de la rifa, de los dulces, despensas, del refrigerio, de los regalos, etc, todas las actividades que se realice en la iglesia)
- Termine el programa con algo positivo.

Después de haber concluido en ese lugar, vaya a otro lugar para realizar todo el plan sobre la realización del club otra vez.

- Si quiere algunas sugerencias para encontrar iglesias donde puede realizar los eventos, el Evangelista Ratcliff puede recomendarle algunas.
- El equipaje estará en la parte de arriba del vehículo cuando estemos viajando.
- Las personas que porten los disfraces se pueden sentar en la parte de arriba de los vehículos o en la parte de atrás de los vehículos si se trata de una camioneta y/o pick-up, para poder anunciar lo del club con altavoces, además de las visitas que los demás obreros realicen caminando.
- Deben tener clubes en DIFERENTES LUGARES. Se trata de realizar diversos clubes evangelísticos en distintos lugares. Queremos ver mucho más gente salva. Considere realizar los clubes en nuevas áreas. Es bueno que los pastores consideren y piensen en lugares que se encuentren más allá de sus rutas de autobús, que piensen en ciudades cercanas y áreas nuevas.
- Una vez que usted tenga el horario listo, considerando todos los lugares dentro de un plan, por favor mándelo al Evangelista Ratcliff lo más pronto posible. Esto sería de gran ayuda, porque en ocasiones él busca un hotel adecuado en la ciudad donde estará. En ocasiones su familia es probable que venga con él para parte del viaje, dependiendo del horario.

Capítulo 41

Reglas para los Estudiantes que Viajen con el Evangelista

- Caminar con Dios. Tener un tiempo cada día para leer tu Biblia y orar.
- Ganar para Cristo por lo menos a __ personas por día. (Puede ser durante un evento, el club, etc.)
- Memorizar por lo menos un versículo por día antes del tiempo de la cena. (Revisar la página de la lista de versículos.)
- Leer un libro acerca de ganar almas.
- ¡Debe saber cómo tener un club bíblico o realizar el programa del culto infantil! (Estudiar lecciones e historias misioneras.) (Debe saber cómo realizar un programa para niños.)
- ¡NO ESTÁ PERMITIDO CITAR O TENER UN NOVIAZGO!
- Los estudiantes (varones) no pueden sentarse con las señoritas de la iglesia, ni tampoco pueden tener citas en cualquier momento durante el tiempo de estar en la iglesia.
- Se considerará un grave delito que un estudiante critique al pastor de la iglesia local durante nuestra estancia, y donde estaremos realizando el evento.
- Los estudiantes no deben discutir con el pastor.
- Los estudiantes no deben realizar llamadas desde el teléfono de la iglesia durante nuestra estancia.
- Los estudiantes deben conocer y practicar las reglas sobre buena ética en todo momento.
- Los estudiantes deben quedarse en el lugar que se les fue asignado. Cambiarse a otro lugar sin el permiso del Evangelista Ratcliff o el encargado será considerado como causa de expulsión.
- Los estudiantes que se les sorprenda fumando, usando drogas, o violando reglas serán expulsados.
- Los estudiantes serán responsables de lavar su propia ropa (y de llevarla a la tintorería, si es necesario).
- Los estudiantes no deben pedir prestado dinero a otros estudiantes.
- Los estudiantes no deben pedir prestado ningún vehículo sin el permiso del Evangelista Ratcliff.
- Los estudiantes tendrán que checar con el Evangelista Ratcliff o el encargado, cuando quieren salir del horario normal del día.

- Los estudiantes deben respetar la hora de silencio: 12:00 a.m.
- Siempre ser amable y expresar cumplidos.
- Nunca criticar la casa, los muebles, la comida, o cualquier otra cosa que le rodee.
- Nunca pidas prestado el carro de la familia con la cual se esté hospedando.
- No discutas con cualquier miembro de la familia.
- No dejes sus cosas desordenadas en toda la casa donde se hospede. Debe mantener el orden cuando use el baño y siempre debe arreglar su cama y mantener limpio su cuarto.
- Nunca tomes las provisiones que son de la familia con la cual se hospede. El estudiante debe proveer tus propias provisiones.
- Nunca debe estar dentro y fuera de la casa, ni tampoco debe estar afuera de su habitación asignada en camisa interior, ni en pijama.
- Nunca debe hacer cargos de llamadas al teléfono de la casa de donde le hospeden, ni al celular de la familia con la que se esté hospedando.
- Siempre agradecer a la familia anfitriona por su generosa hospitalidad cuando se termine su tiempo de estancia.
- Respetar al encargado del grupo de los estudiantes.
- Protege y cuida todo el equipo que se usa en los eventos.
- Sea limpio y ordenado en su apariencia y también en el lugar donde se hospede.
- Traer una sola maleta con suficiente ropa para 7-10 días.

**Violar alguna de estas reglas se considerará causa para su expulsión.

Requisitos para los pastores:

- Tenga lugares adecuados para los estudiantes para quedarse, es recomendable con familias. (Considere hospedar 2 muchachos en cada lugar)
- Provea comidas para los estudiantes. La comida se debe preparar con los cuidados higiénicos necesarios para que los estudiantes no se enfermen.

Capítulo 42

Juegos

Nota: Hay varias maneras que uno puede premiar los concursantes que ganan los juegos. Se puede dar dulces (usted necesitaría proveer los dulces.) Se puede dar boletos de rifa (usted necesitaría hacer o proveer los boletos de rifa.) O los juegos pueden ser para diversión solamente sin premios.

La página del plano muestra varias opciones de preparación, dependiendo sobre el número de obreros que usted tiene disponible para llevar a cabo los juegos. Las opciones de preparación son: tener inflables solamente, la opción pequeña, mediana, o grande. Todas las opciones incluyen inflables; sin embargo, la cantidad de inflables que se usa será como usted prefiera.

Nota: <u>Normalmente los seis inflables son suficientes para un grupo de hasta 1.000 personas.</u>

<u>Juegos Inflables:</u>
*** Tenemos música de circo que nosotros podemos tocar, si usted tiene un sistema de sonido.

1. Toro Mecánico – Si la persona aguanta 30 segundos, gana un premio o se puede jugar para diversión solamente. Se tienen que quitar los zapatos. Se necesitan 2 trabajadores – uno en la entrada y uno para operar el toro. (Se necesita alguien muy responsable para operar el toro.)

2. Cancha de futbol – Dos equipos de 5 jugadores o menos juegan hasta que un equipo anota o llegan al tiempo límite de 5 minutos. (Se puede premiar cada miembro del equipo que gana o pueden jugar por divertirse solamente.) Luego entra otro equipo para jugar contra el equipo ganador. Si no anotan después de 5 minutos los dos equipos se salen. Se necesita 2 obreros.

3. Adrenaline Rush – Hay dos personas que compiten el uno contra el otro para terminar el juego primero. El ganador puede ser premiado o pueden jugar solamente por diversión.

4. **Combo** – Un grupo de 12-15 niños tienen 3 minutos para jugar. No se da premio. Los niños deben jugar sin zapatos. Se necesita 2 obreros.

5. **Resbaladilla** – no se da premio. Los niños deben jugar sin zapatos. Se necesitan 3 obreros – 2 en las entradas y 1 en la parte de arriba. Ancla al inflable al suelo con sogas y palos.

6. **Castillo** – Un grupo de 8-10 niños tienen 2 a 3 minutos para jugar. No se da premio. Los niños deben jugar sin zapatos. (Pueden permitir que jueguen solamente niños o solamente niñas juntos a la vez, dependiendo lo que Pastor quiera.) Se necesita 1 trabajador.

Otras notas sobre inflables:
- Antes de desinflar el inflable, asegúrese a que no haya ningún niño en el juego.
- Si ocurre un problema con uno de los inflables, saque a los niños rápidamente y con seguridad.
- Permanezca con el juego hasta que llegue el trabajador que le va a reemplazar.
- Los participantes tienen que quitarse los zapatos antes de subirse a los juegos inflables (con la excepción del juego de futbol). También necesitan quitar todo objeto con filo de sus bolsillos.

Juegos pequeños:
✓ Mantenga la bolsa enumerada con el juego que le corresponde; enrolle la bolsa y guárdela adentro de uno de los conos en frente del juego para usar la misma bolsa al guardar el juego.
✓ Cada juego debe de tener 2 conos del mismo color enfrente del juego para mostrar donde los niños deben pararse. Los conos se encuentran en un contenedor marcado: "Conos."
✓ Premio: Si lo logran se puede dar un premio o lo pueden hacer por diversión.

1. Aventar el Futbol Americano
   a. Como jugar: Intente pegarle al blanco con el balón. Tienen dos oportunidades.
2. Portería de Futbol
3. Bate de béisbol
4. Tumbar las Botellas
5. Rifle de Nerf
6. Golf

7. Aventar Anillos Grandes
8. Boliche
9. Básquetbol
10. Aventar Manzanas
11. Hockey
12. Tic-tac-toe o tres en línea con bolsas de frijol
13. Pistola de ligas
14. Tirar con Arco
15. Golf de disco
16. Tumba Latas
17. Cubetas
18. Aventar el béisbol
19. Herraduras
20. Aventar bolsitas de frijol

JUEGOS DE MESA (#21-24): ¡Tenga mucho cuidado! ¡Estos juegos son divertidos pero no muy estables! Necesitamos dos mesas para poner estos juegos de mesa.

21. Hockey de Aire de Mesa
22. Futbol de Mesa
23. Tenis de Mesa
24. Billar de Mesa

25. Juego de Ranas
26. Carrera de Bolsas de Papa
27. Patear al Futbol
28. Carrera de Huevo con Cuchara
29. Pistolas de Agua y Velas
30. Agua en la Cara
    a. Materiales: Una silla, un abrigo para lluvia, unos lentes de seguridad, 2 pistolas de agua
    b. Trabajadores: 2
    c. Preparación: Un trabajador se pone el abrigo y los lentes de seguridad, se sienta en la silla y se prepara para un baño. Tenga agua a la mano para rellenar las pistolas de agua.
    d. Como jugar: Con la pistola de agua, intente pegarle a la persona de la silla en su cara. La persona sentada puede moverse en la silla pero no se puede parar. Dos oportunidades.
    e. Premio: Si lo logran, un premio o para diversión solamente.
31. Dardos de Payaso
32. Aventar Anillos al Caimán

33. Rueda de la Fortuna
34. Limbo
35. Vóleibol
36. Juego de Tira y Afloja

Nota: Hay varias maneras que uno puede premiar a los concursantes que ganan los juegos. Se puede dar dulces (usted necesitaría proveer los dulces.) Se puede dar boletos de rifa (usted necesitaría hacer o proveer los boletos de rifa.) O los juegos pueden ser para diversión solamente sin premios.

a. Generalmente, este juego estará adentro de un contenedor gris con el número que le corresponde. El juego está adentro de una bolsa que tiene el número que le corresponde.

b. Siempre quédese con su juego hasta que llegue un obrero para reemplazarlo o hasta que ha guardado su juego en el contenedor gris. NUNCA, NUNCA, NUNCA deje su juego desatendido.

c. Cada juego tiene su número asignado y su orden conforme al plano. Este al tanto del número de su juego.

d. Cada juego viene junto con una bolsa que lleva el número del juego.

e. Ponga dos conos del mismo color enfrente de cada juego para marcar donde la gente debe de hacer fila. Conos se encuentran en un contenedor marcado: "Conos."

f. Mantenga la bolsa enumerada con el juego que le corresponde; enrolle la bolsa y guárdela adentro de uno de los conos en frente del juego para usar la misma bolsa al guardar el juego. Otra vez, es importante guardar la bolsa correcta con su juego. Hágalo bola y guárdelo a dentro de uno de los conos en frente del juego; de esa manera tendrá la bolsa para guardarlo después que el juego se termina.

g. Al terminar, cada juego debiera de ser guardado en su bolsa, y luego en su contenedor gris que le corresponde (que también lleva el número del juego.)

h. Necesitamos tratar a cada juego con mucho cuidado para no quebrarlos. Por ejemplo, al guardar los juegos en sus bolsas y luego contenedor, tenemos que tener cuidado de no manejarlos toscamente y quebrarlos. Los juegos cuestan dinero y son frágiles. Entonces necesitamos manejarlos con cuidado y con sabiduría porque hacemos eso para el Señor.

i. Recuerde – usted es responsable para cuidar el juego que le fue asignado y de regresar todas las piezas diferentes del juego a su bolsa y contenedor.

j. Nunca deje su juego desatendido. (Espere que llegue otro obrero para reemplazarlo o que el juego esté puesto adentro de su bolsa con el número que le corresponde y adentro de contenedor gris con el número que le corresponde.)

k. Haga su mejor para el Señor Jesucristo.

Capítulo 43

Lista de Preparación para el Pastor y para la Iglesia antes del Evento

- Los pastores deben preparar a la gente de su congregación, diciéndoles: "El evangelista tiene un ministerio especial para alcanzar a la gente para Cristo. Así que, debemos involucrarnos todos y estar dispuestos a ayudar al evangelista. Debemos permitirle que él nos guíe y nos dirija durante el tiempo que estará con nosotros. Debemos recordar que las actividades a realizar son para alcanzar a la gente con el Evangelio de nuestro Salvador Jesucristo".
- Es buena idea planear tener un evento especial en un viernes y/o un sábado u otro día; puede ser en un campo o en un lugar conocido y fácil de encontrar, para alcanzar a mucha gente para Cristo. El horario puede ser de 11 a.m. a 3 p.m., o tal vez puede ser de 12 p.m. a 4 p.m. Usted puede hacer uso de los inflables por una hora y media, después puede tener un culto breve para dar el Evangelio y tener una rifa, al terminar ese programa usted puede hacer lo mismo otra vez. Otra opción sería que puede hacerlo en un horario de 1-4 p.m. o de 2-5 p.m. y usted puede hacer uso de usar los inflables por como dos horas y solo tener 1 culto y la rifa. Muchas personas han sido salvas a través de este tipo de eventos. Considere que solo es una idea.
- Programa del servicio (sin contar con sillas): Introducción, quizá un canto, la predicación (breve), una rifa y anuncios finales
- Programa del servicio (contando con sillas)
  - Puede considerar hacer el servicio con todas las personas de diferentes edades, o puede tener clases para los niños de edades de 5 a 12 años. El evangelista puede predicar a los niños en primer lugar (mientras en el programa están con los cantos con el grupo de los adultos), y luego el evangelista puede predicar a los adultos.
  - Introducción. Debe ser emocionante, divertida e instructiva. El tiempo que tomará para éste punto será alrededor de 5 minutos. Una idea que puedo sugerir, es reconocer a las personas de las diferentes colonias o áreas de la ciudad que son visitantes.
  - Canto especial (tal vez)
  - Oración
  - Drama o alguna competencia (no tomar más de 10 minutos)

- Canto especial
- Predicación (es mejor tomar solamente de 15 a 30 minutos)
- Todos deben reunirse para realizar la rifa y para escuchar los anuncios finales
  - ¡Sea observador! ¡Si alguien está saliendo del evento, regálele un folleto con el Evangelio!

Local y Preparación

Responder las siguientes preguntas le ayudará a tener una mejor organización:

____ ¿He localizado el mejor lugar donde puedo llevar a cabo el evento familiar? (Un área con pasto es preferible) Dimensiones recomendables: un área del tamaño de una cancha de futbol para poner todo lo necesario.

____ ¿He decidido cual opción de juegos voy a preferir? (solo los inflables, la opción pequeña, la opción mediana, o la grande. Todas las opciones que le sugiero incluyen inflables; sin embargo, se puede usar pocos inflables, si usted desea. **Favor de anotar en qué paquete de juegos prefiere en el recuadro que está final de la página del plan de trabajo.)

____ ¿El lugar que elegí cuenta con electricidad que esté dentro de los 40 metros donde se realizará el evento? (si su respuesta es no, el Evangelista Ratcliff cuenta con generadores, pero recuerde que los generadores generan ruido.)

____ ¿Tengo por lo menos 12 personas disponibles para montar todo en su lugar para el día del evento familiar? (De preferencia que sean hombres fuertes) (Recuerde que tomará de 3-4 horas para montar todo lo necesario.)

____ ¿Tengo por lo menos 12 personas disponibles que ayuden a guardar todo lo que se utilizó al término del evento? (De preferencia que sean hombres fuertes.) Sería de gran ayuda si fueran las mismas personas que ayudaron a montar todo. (Recuerde que para guardar todo tomará de 3½ - 4 horas.)

____ ¿Tengo un lugar seguro donde puedo guardar el remolque del Evangelista Ratcliff y cuento con la vigilancia necesaria para asegurar los artículos que están dentro del remolque? (El remolque mide aproximadamente 3 metros de altura, 2.6 metros de ancho y 7.6 metros de largo.)

Para el Evento Familiar

____ ¿Tengo botes de basura disponibles?

____ ¿Tengo suficientes puestos de comida que atiendan a la cantidad de personas que vendrán al evento? (Por favor tenga agua potable disponible para regalar.)

_____ ¿Quiero dar dulces como promoción? O ¿cuento con otra promoción? ¿Las promociones necesarias están listas?

Para los Obreros

_____ ¿He leído las reglas para los juegos y la explicación de su cuidado y el control de los juegos? ¿He tenido una reunión con los trabajadores, explicándoles y entrenándoles de cómo funcionan todos los detalles de los juegos?

_____ ¿He dado a cada trabajador un papel con la explicación suficiente y necesaria del juego que se asignará para ser responsable de cada juego en particular?

_____ ¿He elegido a una persona muy responsable, con cualidades de liderazgo y que sabe completamente la explicación y las reglas para los juegos, para que realice la supervisión adecuada a los trabajadores y de los juegos bajo el liderazgo del Evangelista Darrell Ratcliff? (Tiene que ser alguien que la gente de su congregación respeta y sabe que le van a obedecer.)

_____ Si voy a elegir usar los juegos pequeños, ¿tengo un supervisor que sabe completamente la explicación y las reglas para llevar a cabo los pequeños juegos?

_____ ¿He planeado un tiempo para llevar a cabo una reunión con el Evangelista Ratcliff y el supervisor o los supervisores que estarán ayudando?

_____ ¿He planeado otro tiempo para realizar una reunión con el Evangelista Ratcliff y todos los trabajadores que estarán participando?

_____ ¿Se han apuntado suficientes personas para llevar a cabo los juegos?

_____ ¿He asignado a las personas que serán responsables de recoger la basura durante y después del evento familiar?

_____ ¿Cuento con trabajadores extras disponibles, para el caso en que alguien tenga que dejar su juego por un lapso de tiempo?

_____ ¿Cuento con las formas de inscripción listas de personas disponibles para inscribir a la gente? (si las va a usar)

Promoción
_____ ¿Está la gente de la iglesia emocionada acerca de llevar a cabo el Día Grande?

La fórmula para un evento exitoso = ¡Oración + Preparación + Promoción!

Capítulo 44

Evento Para la Familia - Lista de Responsables para los Juegos

NOMBRE DEL JUEGO	No. DE TRABAJADORES RECOMENDADOS	NOMBRE DEL RESPONSABLE	NOMBRE DEL RESPONSABLE
Toro Mecánico	2		
Cancha de futbol	2		
Adrenaline Rush	4	1. 2.	3. 4.
Combo	2		
Resbaladilla	3	1. 2.	3.
Castillo	1		

Normalmente los primeros inflables antes mencionados en la parte de arriba son suficientes para 1.000 personas.

1. Aventar el balón de fútbol Americano.	1-2		
2. Portería de fútbol	1-2		
3. Bate de béisbol	1-2		
4. Tumbar botellas	1-2		
5. Rifle de Nerf	1-2		
6. Golf	1-2		
7. Aventar anillos	1-2		
8. Boliche	1-2		
9. Básquetbol	1-2		
10. Aventar las manzanas	1-2		
11. Hockey	1-2		
12. El Gato	1-2		
13. Rifle de Ligas	1-2		
14. Tirar con Arco	1-2		

15. Golf de discos	1-2		
16. Tumbar latas	2		
17. Cubetas	1-2		
18. Aventar el béisbol	1-2		
19. Herraduras	1-2		
20. Aventar bolsitas	1-2		
21. Hockey de mesa	1		
22. Futbol de mesa	1		
23. Tenis de mesa	1		
24. Billar	1		
25. Juego de ranas	1-2		
26. Carrera de Bolsas	1-2		
27. Patear el fútbol Americano	1-2		
28. Carrera con huevo	1-2		
29. Pistolas de agua	1-2		
30. Agua en la cara	2		
31. Dardos de payaso	1-2		
32. Caimán con anillos	1-2		
33. Rueda de la fortuna	1-2		
34. Limbo	1-2		

Evento Familiar
Responsables para poner todo, guardar todo,
Y supervisores (y disfraces, si se usan)

***Nota: Es recomendable que las mismas personas que ayudan a montar los juegos para el evento sean quienes guarden y recojan todo; sería de mucha ayuda si fuera posible.

Responsables Para Montar Todo:

1. _____
2. _____
3. _____
4. _____
5. _____
6. _____
7. _____
8. _____
9. _____
10. _____
11. _____
12. _____

Responsables Para Guardar todo:

1. _____
2. _____
3. _____
4. _____
5. _____
6. _____
7. _____
8. _____
9. _____
10. _____
11. _____
12. _____

Supervisores:
1. _____
2. _____

Nombres de responsables de los disfraces (Sólo si se usan)
1. Payaso _____
2. Payaso _____
3. Gorila _____
4. Diablo _____
5. Tigre _____

Capítulo 45

Orden del Culto – Domingo

Fecha:_____
Orden del culto (domingo):
- Introducción: ¡Bienvenidos!
  Si aman a Jesucristo, ¡digan Amén!
- Canto - _____
- Versículo del domingo pasado
- Oración
- Canto - _____
- Juramento a la Biblia
- Versículo de memoria
- Oración para la ofrenda (niño)
- Canto - _____
- Lección de la Biblia
- Juego de repaso
- Juego extra y cantos
- Desafío a regresar

Fecha:_____
Orden del culto (domingo):
- Introducción: ¡Bienvenidos!
  Si aman a Jesucristo, ¡digan Amén!
- Canto - _____
- Versículo del domingo pasado
- Oración
- Canto - _____
- Juramento a la Biblia
- Versículo de memoria
- Oración para la ofrenda (niño)
- Canto - _____
- Lección de la Biblia
- Juego de repaso
- Juego extra y cantos
- Desafío a regresar

Capítulo 46

Orden del Culto – Miércoles

Fecha:_____
Orden del culto (miércoles):

- Introducción: ¡Bienvenidos!
  Si aman a Jesucristo, ¡digan Amen!
- Canto - _____
- Canto - _____
- Peticiones de oración
- Canto - _____
- Oración para la ofrenda (niño)
- Canto - _____
- Lección de la Biblia
- Juego de repaso
- Juego extra y cantos

Fecha:_____
Orden del culto (miércoles):

- Introducción: ¡Bienvenidos!
  Si aman a Jesucristo, ¡digan Amen!
- Canto - _____
- Canto - _____
- Peticiones de oración
- Canto - _____
- Oración para la ofrenda (niño)
- Canto - _____
- Lección de la Biblia
- Juego de repaso
- Juego extra y cantos

Capítulo 47

Reglas para los Juegos o para Realizar el Evento Familiar

* **MUY IMPORTANTE:** Todos los trabajadores tienen que saber todo la explicación y reglas para los juegos, pero se necesita una persona muy responsable y con cualidades de liderazgo que sabe completamente la explicación y reglas para los juegos para supervisar los trabajadores y los juegos antes de, durante de, y después del evento bajo del liderazgo del Evangelista Ratcliff. Es necesario tener una persona para que supervise a los trabajadores y los juegos. (Tiene que ser alguien que la gente respeta y le obedezca.)

1. Dése cuenta de que el evento tiene el propósito de enaltecer a Jesucristo – esto es negocio de Dios. Hagamos nuestro mejor.

2. Necesitamos ser responsables. Debemos estar alertas (con atención), y conscientes de la seguridad de las personas en los juegos. (Tenemos que estar vigilando los juegos y a las personas.)

3. Necesita ser un día bonito (sin lluvia) o puede ser debajo de una cancha o área con techo.

4. Necesitamos por lo menos 12 trabajadores (y que de preferencia sean hombres fuertes) para ayudarnos a poner todo en orden y luego la misma cantidad de personas para guardar todo; poner y guardar toma como 3 a 4 horas cada uno. Sería muy bueno si los mismos trabajadores ayudaran a guardar todo que ayudaron a poner.

5. Si es posible que vaya a llover, solo podremos poner pocos de los juegos en su lugar desde el día anterior. Lo demás de los juegos se tendrían que poner el mismo día del evento familiar – por lo menos 3 a 4 horas antes.

6. Asegúrese que el campo este limpio de toda piedra u objeto filoso antes de poner los inflables.

7. Siempre use solamente una cuerda de extensión para cada soplador; no use dos sopladores con una sola extensión. Al prender el generador, permite que corra por 2 minutos solo para permitirlo calentarse; luego conecte una extensión. Espere otros 2 minutos antes de conectar otra extensión. No use más que 3 sopladores por cada generador. Siempre desconecte los sopladores del generador y luego deje que el generador corra dos minutos solo antes de apagar al generador.

8. Participantes necesitan quitarse los zapatos para todos los juegos inflables con la excepción del juego de futbol. También necesitan remover todo objeto filoso de sus bolsillos.

9. Coloque la carpa gris que le corresponde a cada juego inflable debajo del juego con la excepción del juego de futbol.

10. Si haya algún problema con un inflable, baje a los niños rápidamente y con seguridad.

11. Siempre quédese con su juego hasta que llegue un trabajador para reemplazarlo o hasta que ha guardado su juego en su contenedor. NUNCA, NUNCA, NUNCA deje su juego desatendido.

12. Cada juego tiene su número asignado y su orden conforme al plano. Este al tanto del número de su juego.

13. Cada juego viene junto con una bolsa que lleva el número del juego.

14. Guarde la bolsa correcta con su juego. Hágalo bola y guárdelo a dentro de uno de los conos en frente de juego, de esa manera tendrá la bolsa para guardarlo después que el juego se termina.

15. Al terminar, cada juego debe de ser guardado en su bolsa, y luego en su contenedor gris que le corresponde (que también lleva el número del juego.)

16. Necesitamos tratar a cada juego con mucho cuidado para no quebrarlos. Por ejemplo, al guardar los juegos en sus bolsas y luego contenedor, tenemos que tener cuidado de no manejarlos toscamente y quebrarlos. Los juegos cuestan dinero y son frágiles. Entonces necesitamos manejarlos con cuidado y con sabiduría porque hacemos eso para el Señor.

17. Recuerde – usted es responsable para cuidar el juego que le fue asignado y de regresar todas las piezas diferentes del juego a su bolsa y contenedor.

18. Nunca deje su juego desatendido. (Espere que llegue otro trabajador para reemplazarlo.)

19. Ponga dos conos del mismo color enfrente de cada juego para marcar donde la gente debe de hacer fila.

20. Al usar el diablito en el remolque, tenga mucho cuidado de no rayar el piso del remolque con el diablito.

21. Sea limpio y ordenado en todo lo que haga.

22. Necesitamos trabajadores de reemplazo para ayudar con problemas o necesidades como un descanso para ir al baño, etc.

23. Necesitamos enfocarnos en amar a la gente.

24. Necesitamos enfocarnos en hacer todo esto para la gloria de Dios..

Fuente de electricidad y plantas de luz (o generadores):

- Si va a usar el centro de electricidad, necesitaremos que alguien este guardando y vigilando el centro de electricidad a todo tiempo para que esté protegido y para evitar que gente se lastime. Solo use un cordón por cada recipiente de 30 amps, y si tiene que usar el recipiente o enchufe de 20 amps, solo use un cordón por cada 2 enchufes. También necesitaremos un electricista o alguien con experiencia en cosas eléctricas para checar que la caja eléctrica esté conectada correctamente a la fuente de luz para que la gente y el equipo sean seguros y protegidos.

- Necesitamos a 1 o 2 personas que conocen un poco de maquinaría para vigilar a los generadores, pero nos sirve a todos saber un poco de ellos. El trabajo de cuidar a los generadores (lo cual todos debemos de saber) es lo siguiente:

1. SIEMPRE averigüe los niveles de aceite y gasolina antes de comenzar un generador.

2. Asegúrese que los generadores están funcionando bien y que tienen suficiente gasolina.

3. SIEMPRE pida permiso del Evangelista Ratcliff antes de poner aceite o gasolina al generador.

4. SIEMPRE averigüe el nivel del aceite para asegurarse que esté lleno; si no está lleno, ¡¡HABLE CON EVANGELISTA RATCLIFF!! No solo agregue aceite sin permiso.

5. SIEMPRE averigüe el nivel de gasolina antes de prender el generador. HABLE CON EL EVANGELISTA RATCLIFF si necesita más gasolina. (Los generadores usan gasolina verde magna.)

6. Para prender la planta de luz, es posible que tendrá que jalar el botón plateado, el ahogador (o CHOKE en inglés), hacía afuera. Cuando comience el motor, mueve el ahogador a la mitad hasta que el motor este trabajando suavemente, y luego mueve el ahogador completamente para adentro, lo cual es la posición RUN. Si el motor empieza a fallar, regrese el ahogador a su posición previa cuando estaba a la mitad hasta que el motor corra bien, y luego métalo completamente, lo cual sería la posición RUN. Asegúrese que el ahogador este en la posición correcta.

7. Prenda la planta de luz y luego permítalo que corra por unos minutos antes de conectar los sopladores, etc.

8. Use solo una extensión por cada soplador. Conecte un soplador y déjelo trabajar por un tiempo y luego otro soplador y déjelo trabajar por un tiempo, y luego otro y así. De esta manera el generador tiene tiempo de ajustarse y calentarse.

9. Al prender el generador, asegúrese que corre bien antes de conectarle una extensión a la vez, y asegúrese de desconectar toda extensión y dejar que el generador corre solo por 2 minutos antes de apagarlo.

10. Asegúrese que todo esté conectado correctamente y seguramente (un soplador por cada extensión, etc.)

11. No apague el generador cuando tiene aparatos conectados. Desconecte todo y deje que el generador trabaja solo por dos minutos antes de apagarlo para que el generador no esté muy caliente.

12. Nunca prende o apague el generador con aparatos conectados y prendidos.

13. Para apagar el generador, mueva el botón RUN/STOP a la posición de OFF.

14. Después de apagar el generador, mueva la válvula de la gasolina a la posición horizontal (apagado). Pregúntele al Evangelista Ratcliff como hacer esto.

15. No haga ajustes al generador sin preguntarle al Evangelista Ratcliff. Estos generadores son muy caros y tienen que ser usados correctamente para que duren mucho tiempo.

Capítulo 48

Papel para Registrar

Nombre: _____
Dirección: _____
Colonia: _____
Teléfono: _____ Edad: __

Nombre: _____
Dirección: _____
Colonia: _____
Teléfono: _____ Edad: __

Nombre: _____
Dirección: _____
Colonia: _____
Teléfono: _____ Edad: __

Nombre: _____
Dirección: _____
Colonia: _____
Teléfono: _____ Edad: __

Nombre: _____
Dirección: _____
Colonia: _____
Teléfono: _____ Edad: __

Nombre: _____
Dirección: _____
Colonia: _____
Teléfono: _____ Edad: __

Nombre: _____
Dirección: _____
Colonia: _____
Teléfono: _____ Edad: __

Nombre: _____
Dirección: _____
Colonia: _____
Teléfono: _____ Edad: __

Capítulo 49

Nombre y Edad para Sorteo

Nombre:_____
_____ Edad: _____

Nombre:_____
_____ Edad: _____

Nombre:_____
_____ Edad: _____

Nombre:_____
_____ Edad: _____

Nombre:_____
_____ Edad: _____

Nombre:_____
_____ Edad: _____

Nombre:_____
_____ Edad: _____

Nombre:_____
_____ Edad: _____

Nombre:_____
_____ Edad: _____

Nombre:_____
_____ Edad: _____

Nombre:_____
_____ Edad: _____

Nombre:_____
_____ Edad: _____

Capítulo 50

Volante para Club Evangelístico

(en frente)

Estás invitado a

UN CLUB
PARA NIÑOS

¡¡¡Mucha Diversión!!!
¡¡¡Refrigerio!!!
¡¡¡Premios!!!
¡¡¡Todo Gratis!!!

(Atrás)

Dios te ama muchísimo.

"Porque de tal manera amó Dios al mundo, que ha dado a su Hijo unigénito, para que todo aquel que en él cree, no se pierda, mas tenga vida eterna". (Juan 3:16)

Jesucristo te ama tanto que Él murió en la cruz para perdonarte de todos tus pecados, salvarte del infierno, y llevarte a un lugar maravilloso llamado el Cielo. Ahora mismo, di esta oración y pídele a Jesucristo que entre en tu corazón y te lleve al Cielo cuando mueras.

"Señor Jesucristo, por favor entra a mi corazón, perdona mis pecados, y sálvame del infierno. Estoy confiando sólo en Ti, Jesucristo, para llevarme al Cielo. Gracias, Jesús, por entrar en mi corazón y salvarme del infierno. Amén".

Capítulo 51

Volante para Evento

(En frente)

Estás invitado a

LA GRAN FIESTA FAMILIAR

(FECHA, LUGAR, Y HORA)

¡¡¡Mucha Diversión!!! ¡¡¡Juegos Inflables!!! ¡¡¡Tendremos una Rifa!!!

¡¡¡Competencias!!! ¡¡¡Todo Gratis!!!

(Atrás)

Dios te ama muchísimo.

"Porque de tal manera amó Dios al mundo, que ha dado a su Hijo unigénito, para que todo aquel que en él cree, no se pierda, mas tenga vida eterna". (Juan 3:16)

Jesucristo te ama tanto que Él murió en la cruz para perdonarte de todos tus pecados, salvarte del infierno, y llevarte a un lugar maravilloso llamado el Cielo. Ahora mismo, di esta oración y pídele a Jesucristo que entre en tu corazón y te lleve al Cielo cuando mueras.

"Señor Jesucristo, por favor entra a mi corazón, perdona mis pecados, y sálvame del infierno. Estoy confiando en Ti para llevarme al Cielo. Gracias, Jesús, por entrar en mi corazón y salvarme del infierno. Amén".

Capítulo 52

Hay Esperanza – Anuncio

Capítulo 53

Tarjeta de Oración

Capítulo 54

Haga Obra De Evangelista

(La Vida del Evangelista Billy Sunday)

La Biblia dice en 2 Timoteo 4:5: "Pero tú sé sobrio en todo, soporta las aflicciones, haz obra de evangelista, cumple tu ministerio".

Si estudia la historia, se dará cuenta de que Dios ha usado a muchos evangelistas y sus ministerios para impactar a nuestras iglesias y alcanzar a millones de personas con el evangelio del Señor Jesucristo. Dios ha usado a D.L. Moody, Billy Sunday, John Wesley, Charles G. Finney, John R. Rice, y muchos otros para alcanzar a miles de personas para Cristo. Dios ha llamado a evangelistas para predicar el evangelio. Creo que la Biblia dice que Dios quiere que cada cristiano haga la obra de un evangelista, lo cual es alcanzar a otros para Cristo.

La palabra evangelista simplemente significa: "un predicador del evangelio". El evangelista es un regalo de Dios para la iglesia como un predicador del evangelio. Creo que todos necesitamos predicar, compartir, y proclamar el evangelio a otras personas porque Jesús dijo: "Id por todo el mundo y predicad el evangelio a toda criatura". (Marco 16:15) Un evangelista alcanza a la gente, ganando almas personalmente y con evangelismo masivo. Por cierto, esto es para las iglesias seguir el modelo bíblico, necesitan hacer evangelismo personal y evangelismo masivo. ¡Haga las dos cosas!

Hay dos buenos ingredientes para cualquier campaña para alcanzar a otros para Cristo. Son la oración y la publicidad. Los grandes evangelistas de la antigüedad, antes de que incluso fueran a una ciudad o pueblo, la gente estaba teniendo reuniones de oración en la que estaban orando semanas antes de que el evangelista fuera allí. Me pregunto qué pasaría si las iglesias oraran para que Dios use al evangelista, y que haga grandes cosas para Cristo. Creo que tendríamos gran avivamiento.

Tenemos que tener publicidad. Tenemos que darlo a conocer. Tenemos que trabajar duro y distribuir folletos y anunciar con megáfonos y televisión o usar lo que tenemos. Tenemos que anunciar. El Evangelista Billy Sunday dijo que una de las cosas que hicieron sus cruzadas tan poderosas era la publicidad. El periódico le ayudó y habló de él, y Dios lo usó eso en gran manera.

Recuerdo lo que dijo un gran evangelista: "Nosotros siempre necesitamos dar al Señor el crédito. El Señor es el único quién merece toda la gloria, la alabanza y el honor. Cuando alguien dice: "Eso fue una gran predicación", yo digo: "Gracias. Gloria a Dios. ¡Gloria a Dios!" Inmediatamente quiero darle la gloria y el honor a Dios. A Dios sea toda la gloria.

Tenemos que darnos cuenta de la importancia del evangelista. Es la obra más importante y exigente de todo el mundo, ya que está predicando el evangelio a toda criatura.

Billy Sunday fue uno de los evangelistas más usados por Dios de la historia. Billy Sunday predicó o hizo cada sermón acerca de estas preguntas: ¿Eres salvo o estás perdido? ¿Vas al cielo o al infierno? Su propósito era: con Cristo eres salvo, y sin Él estás perdido.

El trabajo de un evangelista es diferente a la del pastor de la iglesia. El llamado del evangelista es concentrarse en ir por los caminos y los vallados, y forzarlos a venir a Cristo. El evangelista es el oficial de reclutamiento para las iglesias.

Billy Sunday, antes de ir a un área, insistía en que las iglesias de la comunidad colaboran con él para que pudieran alcanzar a otros para Cristo. Si las iglesias bautistas no se ponen detrás del evangelista, entonces no podemos hacer las cosas grandes para Dios que quiere que hagamos. Como evangelista he viajado en México, he visto que eso es una de las cosas que nos está haciendo daño. Nos reunimos para tener conferencias y compañerismo, pero no nos reunimos para alcanzar a otros para Cristo. Sé que tenemos que tener cuidado, pero tenemos que trabajar juntos para alcanzar a otros para Cristo. Podría pasar por su ciudad y podríamos tener miles de salvos cada semana si nos pusiéramos a trabajar juntos. Podemos hacer cosas grandes para Cristo.

El Evangelista Billy Sunday insistió en poner la responsabilidad del trabajo de una cruzada sobre las iglesias locales, y después mandar a los convertidos a las iglesias al final de la campaña evangelística. Sin embargo, al llegar a la reunión, él tomaba el control personalmente. El evangelista fue jefe de la nave ese día que llegaba hasta que salía de la ciudad. El evangelista era el líder.

Cuatro o cinco semanas antes, el evangelista tenía trabajadores avanzados para que fueran a preparar. Tenían diferentes comisiones asignadas al preparar, como un comité ejecutivo, comité de música, reuniones de oración, las finanzas, los ujieres, asistentes personales, secretarias, obreros de labores, impresión, publicidad, extensión, y los comités de transporte. Esta preparación atribuía a un alto grado de éxito de la campaña debido a su preparación y trabajo anterior. El Dr. Jack Hyles decía: "La grandeza no está en la realización, sino en la preparación". La única razón por la que no lo hacemos bien es porque no nos hemos organizado para hacerlo bien. Con el fin de hacerlo bien, tenemos que organizar y planificar y hacer las cosas correctamente. Estaban planeando todos los detalles. Tenemos que planear y trabajar en todos los detalles. Dios es un Dios de la organización. Estudie de la Biblia los detalles del arca, el tabernáculo, y el número de personas que estaban en una tribu específica y esto o aquello. ¿Por qué está todo eso ahí? Debido a que Dios es un Dios de detalle y orden y de la organización. La Biblia dice: "pero hágase todo decentemente y con orden". (1 Corintios 14:40)

El evangelista mostró su ira con predicadores e iglesias cuya visión era limitada a sólo ir y venir a la iglesia. En otras palabras, él dijo: "Sal y haz algo para Cristo. ¡Alcanza a otros para Jesús!"

Cuando las personas se acercaban a aceptar a Cristo, él les tomaba su mano. Él decía: "Si vas a venir a recibir a Cristo, ven a estrechar mi mano". También se les daba la oportunidad de orar y cosas así. Después les dio una pequeña tarjeta de compromiso y habló de cómo podrían crecer espiritualmente. Trabajó con las iglesias para que pudieran dar seguimiento a los convertidos, discipulando a los nuevos creyentes. Necesitamos dar seguimiento a los convertidos, ayudándoles a crecer en la gracia y conocimiento de Cristo, para que puedan ir y alcanzar a otros para al Señor.

El Evangelista Billy Sunday hacía sus mensajes vivos. Los actuaba. Hizo los sermones visibles para las personas. La gente decía del Evangelista Billy Sunday que utilizaba el púlpito como un actor de teatro, con su voz resonante y gestos exagerados para capturar al oyente más lejano. Él golpeaba el piso, golpeaba el púlpito. Corría por la plataforma, se deslizaba como si estuviera deslizándose hacia la base. Alzaba su voz y gritaba por el Señor. El evangelista decía que quería utilizar un lenguaje que fuera así de simple y sencillo. No quería que alguien necesitara un diccionario para entender lo que decía. Él puso la mermelada en el estante más bajo. Lo hizo sencillo para que la gente entendiera.

El evangelista creía que si él podía alcanzar a los jóvenes, entonces América estaría bien. Yo creo que si podemos alcanzar los jóvenes en México y los países de habla hispana y en todo el mundo, podríamos hacer un gran impacto para la causa de Cristo.

El Evangelista Billy Sunday dijo: "Mi método es, fue, y siempre será obtener una decisión inmediata y confesión abierta hacia Cristo. Yo predico a Cristo. Esa es la suma y la sustancia de mi mensaje. Eso no se puede cambiar. Sólo Jesús puede salvar. El evangelio nunca cambia. Las opiniones de los hombres pueden cambiar, pero eso no altera la verdad del evangelio".

Billy Sunday se vestía más como un hombre de negocios exitoso. Él no se vestía muy llamativo sino muy sabiamente. Cuidaba su cuerpo muy bien y comía la comida adecuada y se encargaba de sí mismo.

La pasión del Evangelista Billy Sunday era guiar a los hombres a Cristo. No solo invitaba a la gente a recibir a Cristo, tampoco suplicaba como muchos evangelistas lo hacen hoy en día. ¡Él los desafiaba! Yo dije, ¡él los desafiaba! Él presentaba el evangelio simple y sencillamente, mostrando a los hombres que estaban perdidos y deshechos, los desafió a hacer lo correcto. Él desafió a la gente a aceptar a Jesucristo.

El evangelista dijo: "No creo que haya una ciudad o pueblo que no se volvería a Dios si la gente cristiana presentarán un sólido frente a Dios y trabajar y orar y nunca rendirse al diablo". Billy se dio cuenta de que las iglesias y los pastores tienen que ponerse detrás del evangelista y trabajar duro y servir a Cristo con sus vidas para hacer una diferencia.

El evangelista dijo: "Si usted tiene algo interesante e instructivo que decir, entonces dígalo con ánimo y entusiasmo, y el público va a escuchar". Literalmente, él predicaba a millones de personas. Más de un millón de personas tomaron decisiones para renovar sus promesas como cristianos o de aceptar a Cristo como su Salvador. Dios lo usó de una manera grande. Dios le usará a usted también si confía en Él.

El evangelista puso su propia vida y su alma en cada mensaje. Un periódico calculó que Billy Sunday viajaba una milla en cada sermón. Cubrió algo más de 100 millas de la plataforma en cada campaña. Él estaba ocupado en compartir a Cristo. Billy Sunday dijo: "Para tener éxito en los negocios, como profesional o un atleta, tienes que estar en serio". Tenemos que tener un deseo, un hambre, o una pasión para servir a Cristo.

El evangelista fue un hombre de fe. Nunca inició una campaña sin creer que miles se convertirían, y los resultados finales siempre eran más allá de sus pronósticos. Confiemos en Dios para hacer grandes cosas. El centro de su predicación siempre era ponerse bien con Dios.

Desde el principio, el Evangelista Sunday insistía en que las iglesias y las comunidades se unieran antes de que aceptara a llevar a cabo una campaña. Creía que a menos que las fuerzas del bien se unieran, se podría hacer muy poco progreso en contra de la obra del diablo. Tenemos que trabajar juntos para alcanzar a otros para Cristo.

Alguien dijo: "Billy Sunday nunca predicó un sermón sin exaltar a Cristo". Con frecuencia citaba a Jesús diciendo: "Y yo, si fuere levantado de la tierra, a todos atraeré a mí mismo". (Juan 12:32) En otras palabras, tenemos que glorificar a Cristo.

Evangelista Billy Sunday terminó su ministerio activo en un resplandor de gloria. Cada vez antes de que él predicaba tenía un dedo sobre Isaías 61:1, que dice: "El Espíritu de Jehová el Señor está sobre mí". Necesitamos el poder del Espíritu Santo para alcanzar a este mundo para Cristo. Necesitamos un fuego que arda en nuestros corazones por las almas de otros. Tenemos que ser ganadores de almas y alcanzar a otros para Cristo. Tenemos que hacer la obra de un evangelista e ir por todo el mundo y predicar el evangelio del Señor Jesucristo a toda criatura.

Made in the USA
Middletown, DE
10 October 2023

40508585R00110